中国国家地理图鉴
ZHONGGUO GUOJIA DILI TUJIAN

才学世界 主编：崔钟雷

吉林美术出版社 | 全国百佳图书出版单位

图书在版编目（CIP）数据

中国国家地理图鉴/崔钟雷主编. —长春：吉林美术出版社，2010.9（2022.9重印）

（才学世界）

ISBN 978－7－5386－4688－7

Ⅰ.①中… Ⅱ.①崔… Ⅲ.①地理－中国－普及读物 Ⅳ.①K92－49

中国版本图书馆 CIP 数据核字（2010）第 173941 号

中国国家地理图鉴
ZHONGGUO GUOJIA DILI TUJIAN

主　　编	崔钟雷
副 主 编	刘志远　芦　岩　杨亚男
出 版 人	赵国强
责任编辑	栾　云
开　　本	787mm×1092mm　1/16
字　　数	120 千字
印　　张	9
版　　次	2010 年 9 月第 1 版
印　　次	2022 年 9 月第 4 次印刷

出版发行	吉林美术出版社
地　　址	长春市净月开发区福祉大路5788号
	邮编：130118
网　　址	www.jlmspress.com
印　　刷	北京一鑫印务有限责任公司

ISBN 978－7－5386－4688－7　　定价：38.00 元

前 言
foreword

你是否曾经梦想用脚步去丈量世界？锦绣山河，美景处处，你却为应先往何处而不知所措。是啊，那么多的名山、秀水、古刹、宝塔，往南走有婀娜多姿的江南水乡，向北行是粗犷豪放的塞北风光。一样的魅力无限，一样的诱惑不断，你该何去何从呢？

"江山如此多娇"，每一个地方都如诗如画，祖国神州让我们骄傲。怎样才能更轻松地周游四方？怎样才能很快地行走天下？

"读书万卷，如走遍天下。"打开面前的这本书吧，它将带给旅行中的你无限绚丽的风光，让你的心灵纵横天地间！

我们精心编写了这本《中国国家地理图鉴》，希望它可以引领你快乐地旅行。本书打破了以前地理书刻板的说明式介绍，文章尽量以轻松简练的笔触，将祖国的青山绿水、古迹名胜，娓娓地向你道来。文中同时配有大量独具特色、极具代表性的图片，只要翻开它，就会让你顿起身临其境之感，犹如置身在祖国大好河山的画卷当中。

本书的编写是以区域为坐标，穿连起祖国大地上的每一处自然山水、人文景观。让我们就从这里开始吧，领略瑰丽的自然奇景，感受绚烂的文明遗迹，体验不同习俗、不同信仰的少数民族生活所构成的多姿多彩的民族风情。这里的每一处都会让你震撼，让你感动，让你流连忘返！

亲爱的朋友，让我们先陪你做一次眼睛的旅行吧！

编 者

目录

总述

中国概况简介 ········· 2
中华民族 ············· 2
行政区划 ············· 2
宗教信仰 ············· 2
语言文字 ············· 3

中国近海简介 ········· 4
渤海 ················· 4
黄海 ················· 4
东海 ················· 5
南海 ················· 5

中国地貌简介 ········· 6
高原 ················· 6
青藏高原 ············· 6
云贵高原 ············· 7
内蒙古高原 ··········· 7
黄土高原 ············· 8
平原、东北平原 ······· 8
长江中下游平原 ······· 9
盆地 ················· 9
塔里木盆地 ··········· 10
准噶尔盆地 ··········· 10
柴达木盆地 ··········· 10
四川盆地 ············· 11
山地 ················· 12
丘陵 ················· 12
火山 ················· 13
地震带 ··············· 13
戈壁·沙漠 ············ 14

中国水系简介 ········· 16
河流 ················· 16
长江 ················· 16
黄河 ················· 17
大运河 ··············· 17
湖泊 ················· 18
沼泽 ················· 19
冰川 ················· 19
海岸 ················· 20
岛屿 ················· 20
海峡 ················· 21

中国气候简介 ········· 22
大陆性季风气候 ······· 22
气温 ················· 22
降水 ················· 23
台风 ················· 23
梅雨 ················· 24
寒潮 ················· 24

中国自然资源简介 ····· 25
土地资源 ············· 25
森林资源 ············· 25
水资源 ··············· 26
植物资源 ············· 26
动物资源 ············· 27
能源资源 ············· 27
自然保护区 ··········· 27

东北地区

黑龙江省 ············· 30
亚布力滑雪场 ········· 30
五大连池 ············· 30

CONTENTS

渤海国上京龙泉府遗址 ……… 31
扎龙自然保护区 …………… 31
镜泊湖 ……………………… 31
吉林省 ……………………… 32
净月潭 ……………………… 32
伪满洲国皇宫 ……………… 32
吉林雾凇 …………………… 33
松花江 ……………………… 33
长白山 ……………………… 34
谷底林海 …………………… 34
千叶湖风景区 ……………… 34
辽宁省 ……………………… 35
沈阳故宫 …………………… 35
兴城海滨 …………………… 35
本溪水洞 …………………… 36
千山 ………………………… 36
崇兴寺双塔 ………………… 36

西北地区

陕西省 ……………………… 38
大雁塔 ……………………… 38
小雁塔 ……………………… 39
华清池 ……………………… 39
昭陵 ………………………… 39
秦始皇陵 …………………… 39
兵马俑坑 …………………… 40
宁夏回族自治区 …………… 41
拜寺口双塔 ………………… 41
西夏王陵 …………………… 41
贺兰山 ……………………… 42
贺兰山岩画 ………………… 42

六盘山 ……………………… 42
甘肃省 ……………………… 43
雁滩 ………………………… 43
玉门关・阳关 ……………… 43
崆峒山 ……………………… 43
祁连山 ……………………… 44
莫高窟 ……………………… 44
鸣沙山・月牙泉 …………… 44
青海省 ……………………… 45
青海湖・鸟岛 ……………… 45
塔尔寺 ……………………… 45
通天河 ……………………… 46
澜沧江 ……………………… 46
金银滩草原 ………………… 46
新疆维吾尔自治区 ………… 47
天鹅湖 ……………………… 47
中国一号冰川 ……………… 47
香妃墓 ……………………… 47
楼兰古城 …………………… 48
罗布泊 ……………………… 48
阿尔泰山 …………………… 48

华中地区

河南省 ·········· 50
　开封市 ·········· 50
　相国寺 ·········· 50
　龙亭 ············ 51
　嵩山 ············ 51
　观星台 ·········· 51
　洛阳牡丹 ········ 52
　龙门石窟 ········ 52

湖北省 ·········· 53
　黄鹤楼 ·········· 53
　武汉长江大桥 ···· 53
　武当山 ·········· 54
　神农架 ·········· 54

湖南省 ·········· 55
　岳麓山 ·········· 55
　毛泽东故居 ······ 55
　韶山 ············ 56
　岳阳楼 ·········· 56
　湘江 ············ 56
　衡山 ············ 57
　洞庭湖 ·········· 57
　张家界国家森林公园 ···· 58
　武陵源 ·········· 58

华北地区

北京市 ·········· 60
　天安门广场 ······ 60
　天安门城楼 ······ 60
　故宫 ············ 61
　天坛 ············ 61
　雍和宫 ·········· 62
　钟鼓楼 ·········· 62
　圆明园遗址公园 ·· 63
　颐和园 ·········· 63
　卧佛寺 ·········· 63
　卢沟桥 ·········· 64
　明十三陵 ········ 65

天津市 ·········· 68
　泥人张 ·········· 68
　大沽口炮台 ······ 68
　黄崖关长城 ······ 69
　盘山 ············ 69

河北省 ·········· 70
　正定四塔 ········ 70
　苍岩山 ·········· 71
　赵州桥 ·········· 72
　白洋淀 ·········· 72
　开元寺塔 ········ 72
　莲池公园 ········ 73
　响堂山石窟 ······ 74
　避暑山庄 ········ 75
　棒槌峰 ·········· 75
　双塔山 ·········· 75
　北戴河 ·········· 76

山西省 ·········· 77
　双塔寺 ·········· 77
　晋祠 ············ 77
　乔家大院 ········ 78
　双林寺 ·········· 78
　平遥古城 ········ 78

CONTENTS

普救寺 ········· 79
永乐宫 ········· 79
五台山 ········· 79
壶口瀑布 ········· 79
恒山 ········· 80
悬空寺 ········· 80
华严寺 ········· 81
九龙壁 ········· 81
应县木塔 ········· 81
娘子关 ········· 81
云冈石窟 ········· 82
五老峰 ········· 82

内蒙古自治区 ········· 83

五当召 ········· 83
成吉思汗陵 ········· 83
红山国家森林公园 ········· 84
呼伦贝尔大草原 ········· 84
嘎仙洞 ········· 84
巴丹吉林沙漠 ········· 84

华东地区

上海市 ········· 86

上海大世界 ········· 86
豫园 ········· 86
外滩 ········· 87
古镇朱家角 ········· 87
双龙戏珠 ········· 87

山东省 ········· 88

趵突泉 ········· 88
大明湖 ········· 88
灵岩寺 ········· 88
泰山 ········· 89
千佛山 ········· 89
栈桥与小青岛 ········· 89
汇泉湾景区 ········· 90
崂山 ········· 90

江苏省 ········· 91

灵谷寺 ········· 91
玄武湖 ········· 91
南京长江大桥 ········· 91
苏州园林 ········· 92
盘门 ········· 92
寒山寺 ········· 93
虎丘山 ········· 93
周庄 ········· 93

浙江省 ········· 94

西湖 ········· 94
灵隐寺·飞来峰 ········· 94
沈园 ········· 95
东湖 ········· 95
富春江 ········· 95
普陀山 ········· 96
天台山 ········· 96
雁荡山 ········· 96
河姆渡文化 ········· 96

4

目录

安徽省 ·················· 97
　教弩台 ················· 97
　巢湖 ··················· 97
　天柱山 ················· 98
　天仙河 ················· 98
　九华山 ················· 98

江西省 ·················· 99
　滕王阁 ················· 99
　庐山 ··················· 99
　三叠泉 ················ 100
　如琴湖 ················ 100
　鄱阳湖 ················ 100
　景德镇 ················ 101
　三清山 ················ 101
　井冈山 ················ 102

华南地区

福建省 ················· 104
　鼓山 ·················· 104
　湄州妈祖庙 ············ 104
　鼓浪屿 ················ 105
　南普陀寺 ·············· 105
　菽庄花园 ·············· 105
　土楼 ·················· 105
　武夷山 ················ 105

海南省 ················· 107
　红树林 ················ 107
　五指山 ················ 107
　亚龙湾 ················ 107
　天涯海角 ·············· 108
　小洞天 ················ 108

广东省 ················· 109
　世界之窗 ·············· 109
　海上丝绸之路 ·········· 109
　越秀公园 ·············· 110
　丹霞地貌 ·············· 110
　珠江三角洲 ············ 110
　深圳 ·················· 110

西南地区

广西壮族自治区 ········· 112
　漓江 ·················· 112
　象鼻山 ················ 112
　独秀峰 ················ 112
　喀斯特地貌 ············ 113
　银水侗寨 ·············· 113
　龙脊梯田 ·············· 113
　遇龙河 ················ 113

重庆市 ················· 114
　北温泉公园 ············ 114
　白帝城 ················ 114
　丰都鬼城 ·············· 115
　龚滩 ·················· 115

5

CONTENTS

四川省 ……………… 116
武侯祠 ……………… 116
杜甫草堂 …………… 116
青城山 ……………… 117
卧龙自然保护区 …… 117
乐山大佛 …………… 117
峨眉山 ……………… 118
三座"神山" ………… 118
九寨沟 ……………… 118

贵州省 ……………… 119
黔灵山 ……………… 119
白龙洞 ……………… 119
花溪 ………………… 119
九龙洞 ……………… 120
黄果树瀑布 ………… 120
百里杜鹃国家森林公园 …… 120
梵净山 ……………… 120

云南省 ……………… 122
滇池 ………………… 122
西山 ………………… 122
洱海 ………………… 123
腾冲地热火山 ……… 123
丽江市 ……………… 124
玉龙雪山 …………… 124
西双版纳 …………… 124

虎跳峡 ……………… 125

西藏自治区 ………… 126
大昭寺 ……………… 126
布达拉宫 …………… 126
夏鲁寺 ……………… 127
喜马拉雅山 ………… 127
珠穆朗玛峰 ………… 127
梅里雪山 …………… 128

港澳台地区

香港 ………………… 130
天坛大佛 …………… 130
海洋公园 …………… 130
维多利亚港 ………… 130

澳门 ………………… 131
澳门半岛 …………… 131
妈祖阁 ……………… 131
路环岛 ……………… 132
大三巴牌坊 ………… 132

台湾省 ……………… 133
高山族 ……………… 133
日月潭 ……………… 133
阿里山 ……………… 134
台北市 ……………… 134
高雄市 ……………… 134

中国国家地理图鉴
ZHONGGUO GUOJIA DILI TUJIAN

总述

地理图鉴
中国概况简介

"江山如此多娇，引无数英雄竞折腰。"祖国壮丽的山河，多彩的风景总能让她的儿女为之自豪。现在，让我们一起走进祖国秀丽多姿的山水，去感悟一下吧！

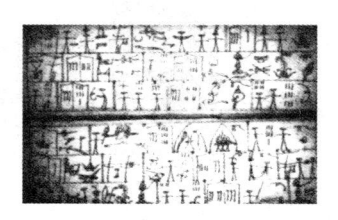

中华民族

在中华大地上生活的56个民族中，汉族的人口最多，约占全国总人口的92%。据2000年人口普查统计，中国55个民族的人口总数约占全国总人口的8.41%，故称少数民族。少数民族中，壮族人口最多，有一千六百多万人；珞巴族人口最少，不足3000人。中国侨居境外的公民称为华侨，凡加入外国国籍者通称为外籍华人，他们散居在五大洲一百三十多个国家和地区。

行政区划

全国划分为省、自治区、直辖市。省分为市、县；自治区分为自治州、自治县；县、自治县分为乡、民族乡、镇；直辖市和较大的市又分为区、县。自治区、自治州、自治县都是民族自治的地方。此外，中国还设置了一些经济特区和省级直辖市。根据宪法规定，国家在必要时可设立特别行政区。回归祖国后的香港、澳门就分别被设立为特别行政区。

宗教信仰

中国共有24种民族文字，八十余种民族语言。汉族的文字是全国通用的文字，汉语是中国推广的官方语言，也是国际上通用语言之一。

少数民族中，回族、满族使用汉语，其他53个民族使用一种或数种民族语言，其中23个民族有自己的文字。少数民族中很多人兼通汉语。

语言文字

中国是一个多种宗教并存的国家，主要宗教有道教、佛教、伊斯兰教、天主教、基督教等，信仰宗教的人数达上亿人。回族、维吾尔族、哈萨克族、柯尔克孜族、塔塔尔族、乌孜别克族、塔吉克族、东乡族、撒拉族、保安族等10个民族信仰伊斯兰教；藏族、蒙古族、珞巴族、门巴族、土家族、裕固族等民族信仰藏传佛教；傣族、布朗族、德昂族等民族信仰小乘佛教；苗族、瑶族、彝族等民族中有一部分人信仰天主教和基督教；汉族中也有人信仰佛教、道教、天主教和基督教。此外，鄂伦春族、鄂温克族、达斡尔族等民族多信仰萨满教，还有个别民族信仰东巴教和本教。

佛教（Buddhism）：世界三大宗教之一，东汉时自西向东传入我国，对东南亚地区的影响也十分深远

中国近海简介

地理图鉴

随着人类生产的发展和生活水平的提高，对资源的需求量日益增加。有了进步的科学技术，海洋资源开发已成为世界开发利用自然资源的重要方向之一。

渤海

渤海是中国的内海，它位于辽宁、河北、山东、天津三省一市之间，三面被陆地环抱，仅通过长约九十千米的渤海海峡与外海相通。渤海面积约7.72万平方千米，由北部辽东湾、西部渤海湾、南部莱州湾、中央浅海盆地和渤海海峡五部分组成。

渤海盛产对虾、蟹和黄花鱼，沿岸淤泥滩蓄水条件好，利于产盐。其中，长芦盐场是中国最大的海盐场。在渤海海底蕴藏着丰富的石油和天然气资源，并已被开采，石油产量在逐年增加。沿岸有天津新港、秦皇岛港等著名港口，通过渤海海峡与黄海相通，这里是华北、西北和东北各省的出海要道。

黄海

黄海是中国三大边缘海之一，它位于中国大陆与朝鲜半岛之间，北起鸭绿江口，南以长江口北岸启东角到韩国济州岛西南角的连线与东海分界，西以渤海海峡与渤海相连，濒临中国的辽宁、山东和江苏三省。黄海面积约三十八万平方千米。

黄海长期受长江及淮、沭、沂等河大量的黄褐色泥沙注入的影响，成为世界上接受泥沙最多的陆缘海，黄海也因此而得名。黄海的浅海盆地蕴藏着丰富的石油和天然气资源。港口有大连港、烟台港、青岛港、连云港、石臼港等，它们多被辟为中国对外开放港口，黄海已成为对外贸易的重要海域。

东海

东海是中国三大边缘海之一，也是中国大陆架最宽的边缘海。东海北起长江口北岸启东角到韩国济州岛一线，与黄海毗邻；东北面以济州岛、五岛列岛、长崎一线为界，并经对马海峡与日本海相连；东面和东南面被日本九州岛、琉球群岛与太平洋隔开；南以广东省南澳岛到台湾省本岛南端一线同南海为界。濒临中国的沪、浙、闽、台四省市。东海呈东北—西南走向，面积约七十九万平方千米。沿岸港湾、岛屿众多，尤其是浙、闽两省近岸地带，许多地方呈现岛链式海岸。东海地处中国南北海运的中枢和长江的出海口，并且是亚洲东部各国航运要冲，通过许多海峡与邻近海域或与太平洋沟通。中国东海沿岸著名的港口有上海港、宁波港、厦门港、基隆港、高雄港等。东海盛产黄鱼、带鱼、墨鱼等，海底石油和天然气资源也很丰富。

南海

南海是中国最大的边缘海，又称南中国海。南海介于中国大陆、菲律宾群岛、加里曼丹岛、苏门答腊岛和马来半岛之间，濒临中国的广东、广西、福建、台湾和海南五省区，总面积约三百五十八万平方千米，几乎是渤海、黄海、东海三大海区总面积的3倍。南海所处纬度较低，适于造礁珊瑚虫生长繁殖。南海中有许多小岛，根据位置的不同分为四个群岛，即东沙群岛、西沙群岛、中沙群岛和南沙群岛，总称南海诸岛。南海盛产热带鱼、虾，鱼种极多，且产量很高。近年来，在中国南海沿海大陆架上，石油、天然气资源不断被发现和开采。南海水运交通四通八达，十分便利，地理位置也极其重要，是中国与东南亚、南亚、非洲、欧洲、大洋洲等地区通商贸易的重要港口。

中国国家地理图鉴

地理图鉴
中国地貌简介

中国地貌呈现多样化的特点。中国有"世界屋脊"之称的青藏高原，也有千沟万壑的黄土高原。让我们一起来领略祖国的大好河山吧！

高原

高原一般是指海拔高度在500米以上，面积广大，地形开阔，周边以明显的陡坡为界，比较完整的大面积隆起地区。高原素有"大地的舞台"之称，它是在长期连续的大面积的地壳抬升运动中形成的。它以较大的高度区别于平原，又以较大的平缓地面和较小的地势起伏区别于山地。

青藏高原

青藏高原是世界上最高的大高原。它地处中国西部及西南部，包括西藏自治区和青海省全部、四川省西部、新疆维吾尔自治区南部及甘肃省西南部。其东西长2 700千米，南北宽1 400千米，面积250万平方千米，平均海拔4 000米以上。

青藏高原的形成与地球最近一次强烈的、大规模的地壳运动——喜马拉雅造山运动密切相关。青藏高原是世界上最高也最年轻的高原，有"世界屋脊"之称。青藏高原上山脉众多，是长江、黄河、雅鲁藏布江、恒河、印度河、怒江、澜沧江、塔里木河等东亚、东南亚和南亚许多大河的发源地。

青藏高原地势高峻，对该地区和东亚气候产生了极大影响，使高原具有了独特的高原气候特征：空气稀薄，气压低，含氧量少，光照充足，辐射量大，寒冷干燥，气候严酷；自然植被多矮小稀疏，具有抗干寒、抗风、耐盐等生态特征；牲畜也均为耐寒种类。

云贵高原

云贵高原位于中国西南部，是中国南北走向和东北—西南走向两组山脉的交会点，平均海拔1 000米~2 000米。地势西北高东南低，是长江、西江（珠江的最大支流）和元江三大水系的分水岭。石灰岩地形广泛分布，有岩洞、石林等。根据地貌特征分为东西两部分，即东部贵州高原和西部滇东高原。

云贵高原水力资源丰富，蕴藏多种矿产资源，如锡、铜、汞、煤等，盛产烟草、茶叶、橡胶、咖啡、油桐、金鸡纳、胡椒、剑麻、香茅、紫胶等经济作物和当归、茯苓、黄连、木香、贝母、天麻、虫草、秦艽、三七等贵重药材。

内蒙古高原

内蒙古高原地处我国北方，所以又称北部高原。它东起大兴安岭和苏克斜鲁山，西至马鬃山，南沿长城，北接蒙古国。其东西长约两千千米，南北宽约五百千米，面积34万平方千米，为中国第二大高原。内蒙古高原海拔多在1 000米~1 400米。其地势南高北低，起伏和缓，切割轻微，阴山横贯中部。内蒙古高原属温带半干旱气候，日照充足，多大风，可利用风力发电。土地资源丰富，非常适合牧草生长，是中国最主要的畜牧业基地。草原上还盛产中草药，如甘草、黄芪、黄芩、赤芍、麻黄等。高原上高盐湖有盐、碱、芒硝等资源。矿产资源丰富，有煤、铁、铌、稀土矿等七十多种。

从飞机上俯视内蒙古高原，它就像烟波浩瀚的大海，古人称之为"瀚海"。高原草原辽阔，为中国的重要牧区

7

黄土高原

黄土高原是世界上最大的黄土沉积区，地跨山西省、陕西省、甘肃省、青海省、宁夏回族自治区及河南省，面积约三十万平方千米。按地形差别分为陇中高原、陕北高原、山西高原和豫西山地等。

从东南向西北，气候依次为暖温带半湿润气候、半干旱气候和干旱气候。植被依次出现森林草原、草原和风沙草原。土壤依次为褐土、垆土、黄绵土和灰钙土。山地土壤和植被地带性分布也十分明显。黄土颗粒细，土质松软，富含可溶性矿物质养分，利于耕作，盆地和河谷农业历史悠久。黄土高原是中华民族古代文明的摇篮。

平原、东北平原

平原一般是指陆地上海拔高度相对比较低的地区，多指广阔而平坦的陆地。它的主要特点是地势低平，起伏和缓，相对高度一般不超过50米，坡度在5°以下。它以较低的海拔区别于高原，以较小的起伏区别于丘陵。平原是陆地上最平坦的地域，海拔一般在200米以下。

东北平原又称松辽平原，位于中国大兴安岭、小兴安岭和长白山地之间。山岭外侧被额尔古纳河、黑龙江干流、乌苏里江、图们江和鸭绿江环绕，南北长约一千千米，东西宽约四百千米，面积约三十五万平方千米，是中国面积最大、地势最高的平原，处于温带和暖温带范围，有大陆气候和季风气候特征。

东北平原由东北部的三江平原、北部的松嫩平原和南部的辽河平原组成。三江平原多沼泽荒地，过去为东北的北大荒，经过多年开垦已成为中国最大的商品粮基地。

8

华北平原又称黄淮海平原，位于中国东部偏北、黄河下游，西起太行山和豫西山地，东到黄海、渤海和山东丘陵，北起燕山，西南到桐柏山和大别山，东南至苏、皖北部，与江淮平原相连，面积31万平方千米，是中国三大平原中的第二大平原。平原主要由黄河、淮河、海河、滦河冲积而成，地势低平，大部分地区海拔在50米以下。该区是中国重要的粮食、棉花生产基地，富含石油、煤等矿产资源。

长江中下游平原

中国三大平原之一的长江中下游平原地处长江三峡以东、淮阳山地和黄淮平原以南、江南丘陵及浙闽丘陵以北，由长江及其支流冲积而成。其面积约二十万平方千米，包括湖北省东部、湖南省北部、安徽省南部、江西省北部、浙江省北部和江苏省大部，以及上海市，可分为两湖平原、鄱阳平原、皖中平原、长江三角洲四部分。此处河湖密布，素有"水乡泽国"之称，土地肥沃，人口稠密，是中国重要的工农业基地。

平原居中国南北和东西交通网的枢纽地带，水陆交通都很发达。长江贯穿中部，成为一条东西走向的水运大动脉，加上其无数支流，构成了一个庞大的水道网。

盆地

顾名思义，盆地也就是整体地形犹如一个盆子。所以，人们就把四周高（山地或高原）、中部低（平原或丘陵）的盆状地形称为盆地。地球上最大的盆地在东非大陆中部，称为刚果盆地，面积大约相当于加拿大的1/3。而我国则有塔里木盆地、准噶尔盆地、柴达木盆地和四川盆地。

盆地气候大致划分为热带雨林、海洋性、亚热带季风盆地气候等。

塔里木盆地

"塔里木"是维吾尔语，意为"田地""种田"。塔里木盆地位于新疆维吾尔自治区南部，天山和昆仑山、阿尔金山之间。它西起帕米尔高原，东至甘、新边境，东西长1 400千米，南北宽约五百二十千米，面积四十多万平方千米，是中国四大盆地中最大的。塔里木河横贯其北部，盆地深处内陆，气候干燥，年较差和日较差均大；山麓边缘为砾石戈壁，塔里木河以南的中部为广大沙漠（塔克拉玛干沙漠、白龙堆沙漠）及盐湖；边缘和沙漠间是冲积扇和冲积平原，并有绿洲分布。

准噶尔盆地

准噶尔盆地是我国第二大盆地，位于新疆维吾尔自治区北部，天山、阿尔泰山及西部诸山间，呈不等边三角形分布。准噶尔盆地东西长约七百千米，南北最宽处约四百五十千米，面积约三十八万平方千米。海拔500米~1 000米，东高西低。盆地边缘为山麓绿洲，中部为广阔草原和古尔班通古特沙漠。玛纳斯、乌伦古等内陆河多流注盆地，潴积为湖泊。盆地牧场广阔，山麓绿洲带盛产棉花、小麦等农作物。

准噶尔盆地内蕴藏着丰富的石油、煤和各种金属矿藏，盆地西部的克拉玛依是中国较大的油田，北部的阿尔泰山区盛产黄金。

柴达木盆地

柴达木盆地位于中国青海省西北部，其东西长800千米，南北宽350千米，面积约二十万平方千米，平均海拔2 600米~3 100米，是中国海拔最高的盆地，属于高原型盆地。这里的盆地四周高山环绕，南面是昆仑山脉，北面是祁连山脉，西北是阿尔金山脉，东为日月山，属于封闭的内陆盆地。气候属干旱大陆性气候，降水稀少、风力强劲，多风沙地貌；水系稀疏，河流短小，以高山冰雪融水补给为主；植被稀疏，以超旱

生及旱生灌木和半灌木为主，适于放牧骆驼。地形结构从边缘到中心，依次为戈壁、丘陵、平原、湖泊。东部为大片盐湖，蒙古语"柴达木"即"盐泽"之意。主要有察尔汗盐湖、茶卡盐湖、柯柯盐湖、昆特依盐湖等，盐层最厚达60米。盆地中，铅、锌、铬、锰等金属及煤炭、石油、石棉等资源丰富。东部和东南部河湖冲积平原宜农地的面积很大，农业高产，畜牧业发达，有"聚宝盆"之称。

四川盆地

四川盆地位于中国四川省东部和重庆市西部，是我国著名红层盆地（多紫红色砂页岩，故有"赤色盆地""红色盆地"之称），也是我国各大盆地中形态最典型的盆地，面积为16.5万平方千米。长江把它和东海连接在一起，是中国最大的外流盆地。

四川盆地中土壤疏松、肥沃，灌溉便利，农业发达，产水稻、小麦、玉米、棉花、甘蔗、蚕丝、茶叶、油菜、药材和水

果。盆地富含煤、铁、盐、天然气和石油等矿藏。

四川盆地气候温暖湿润，水陆交通方便，除公路网外，有成渝、成昆、宝成、襄渝、渝黔等铁路干线和以川江为主的水运网。

山地

中国是一个多山之国，较大的山脉有二百一十多条。它们常常是一些江河的发源地和分水岭，是地理上的重要界线。它们的分布按其排列和走向可归纳为五大体系：东西走向、东北—西南走向、西北—东南走向、南北走向，还有弧形山系。其中，东西走向的山脉有三列（主要包括五条山脉）：北列为天山—阴山—燕山山脉，是中国北方最长的东西走向山系；中列为昆仑山—秦岭；南列为南岭。东北—西南走向的山脉多分布于中国东部，有三列（主要包括七条山脉）：西列为大兴安岭—太行山—巫山—雪峰山；中列为长白山—武夷山；东列为台湾山脉。西北—东南走向的山脉主要分布在中国西部，著名山脉有阿尔泰山和祁连山。南北走向的山脉分布在西南和西北，分别是横断山脉和贺兰山脉。弧形山系由几条并列山脉组成，基本上由东西走向转为南北走向，与横断山脉相连。

丘陵

中国丘陵一般广泛分布在东部地区。自北而南，有辽东丘陵、山东丘陵、东南丘陵等。这些丘陵海拔为200米~500米，很多已改造为梯田、果园，或栽种经济林木。在东部丘陵区也有少数海拔超过1 000米的、挺拔峻峭的山峰耸立在平原、低丘之上，如山东泰山、安徽黄山、江西庐山等。两广丘陵属石灰岩地

区，广西境内的漓江两岸，峰林奇异、江水清碧，是著名的"桂林山水"风景区，这些地区都属于丘陵地貌区。

火山

中国火山活动可分为两个带：东部活动带和西部活动带。东部火山有五大连池火山群、长白山火山、大同火山群、台湾大屯火山群、广东雷琼及安徽、江苏等地的火山；西部包括腾冲火山群和新疆等地区的火山。

五大连池火山群是我国至今仍在活动的火山。这群火山大多呈现出截顶圆锥形，少数为复合截顶圆锥形。火山锥的海拔为355米~597米。火山群完好地保存了火山口和各种火山熔岩构造，以及浩渺的熔岩海，堪称火山奇观。其中药泉山火山周围至今仍有多处喷涌含硫、氡等物质的泉水。因为这种泉水能有效治疗多种疾病，被当地人称为"药泉"。

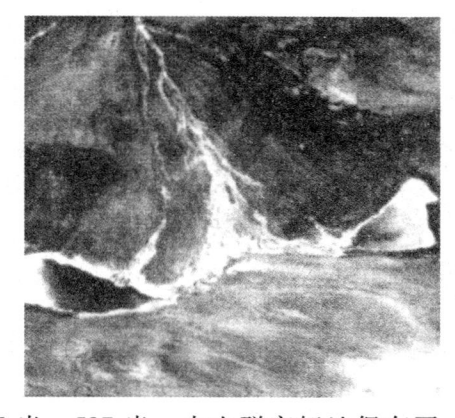

腾冲火山群位于横断山脉南段的高黎贡山西侧，南北长约八十七千米，东西宽约三十三千米，集中分布在腾冲县城至马站街一带，有七十余座火山。腾冲地区火山近期活动的形式主要为强烈的水热活动。在喷泉、喷气活动的同时，经常发生水热爆炸、地吼、泥火山喷发、泥塘翻滚等现象，有些地方还生成多种温泉，专家认为腾冲火山有继续喷发的潜在危险。

地震带

中国是一个多地震国家，在近三千年的历史资料中有记载的地震次数就达几千次之多。西部地震频繁，震中分散；东部地震活动不如西部频繁，但是地震活动延续的时间较长。台湾地震活动频率最高，强度大，而且震中密集。中国的破坏性地震多为浅震。除浅源地震外，在帕米尔、新疆、西藏、台湾省东南沿海地区，还有中源地震分布。在东北部的吉林省和黑龙江省地区，还有少数深源地震。

我国的地震活动主要分布在五个地区的23条地震带上，这五地区是：①台湾省及其附近海域；②西南地区，主要是西藏、四川西部和云南中西部；③西北地区，主要在甘肃河西走廊、青海、宁夏、天山南北麓；④华北地区，主要在太行山两侧汾渭河谷、阴山—燕山一带、山东中部和渤海海湾；⑤东南沿海的广东、福建等地。我国的台湾省位于太平洋地震带上，西藏、新疆、云南、四川、青海等省区位于喜马拉雅—地中海地震带上，其他省区处在各自相关的地震带上。

戈壁·沙漠

"戈壁"的蒙古语意为"难生草木的土地"，是一种地面较为平坦、气候干旱、植被稀少、区域广大的石质荒漠和半荒漠平地。中国的戈壁广泛分布于温都尔庙—百灵庙—鄂托克旗—盐池一线以西、以北的广大荒漠、半荒漠平地，总面积约为五十多万平方千米。

沙漠仅仅指荒漠、半荒漠和干旱的沙地。中国沙漠总面积约七十万平方千米，如果连同五十多万平方千米的戈壁在内，总面积为128万平方千米，占全国陆地总面积的13%，是世界上沙漠戈壁分布较广的国家。中国沙漠大都集中在西北干旱区，面积达全国沙漠总面积的80%。主要沙漠有塔克拉玛干沙漠、古尔班通古特沙漠、巴丹吉林沙

漠、腾格里沙漠以及库姆塔格沙漠等。

西北的陕、甘、宁、青、新五省地域毗连，均处于中国内陆和亚欧大陆腹地，除陕西南部和关中平原外，多属温带大陆性干旱和半干旱气候，是中国戈壁和沙漠地貌集中的地区（以及内蒙古西部）。这里森林覆盖率低，土壤侵蚀日趋严重，水土流失面积继续扩大，草原退化日益严重，天然水域缩小，土地沙化面积不断扩大，生态环境极其脆弱。

中国国家地理图鉴

地理图鉴
中国水系简介

中国地域广阔，地理环境复杂多样，雪山众多，雨量充沛，河流经久不息地流淌为航运发展提供了必要条件。水系的形式有扇形、羽毛状、平行状和辐射状等。

河流

河流是陆地表面上经常或间歇有水流动的线形天然水道。河流在我国的称谓很多，较大的称江、河、川、水，较小的称溪、涧、沟等。藏语称"藏布"，蒙古语称"郭勒"。每条河流都有河源和河口。河源是指河流的发源地，有的是泉水，有的是湖泊、沼泽或是冰川，各河河源情况不尽相同。

长江

长江是中国第一大河，发源于青海省西南边境唐古拉山脉各拉丹冬雪山，在囊极巴陇纳当曲后称通天河（按流域面积和水量，一说当曲为正源）；南流到玉树县巴塘河口以下至四川省宜宾市间称金沙江；宜宾以下始称长江。长江流经西藏、四川、云南、重庆、湖北、湖南、江西、安徽、江苏等11个省、市、自治区。在上海市流入东海，全长6 300千米，流域面积180.85万平方千米，有雅砻江、岷江、沱江、嘉陵江、乌江、湘江、汉江、赣江、

青弋江和黄浦江等支流。湖北省宜昌市以上为上游，水急滩多，有著名的三峡；宜昌至江西省湖口间为中游，曲流发达，多湖泊（鄱阳、洞庭两湖最大）；湖口以下为下游，江宽水深，江口有崇明岛，万吨轮可由海上经长江到达武汉，此处有"黄金水道"之称。沿江重要城市有重庆、武汉、南京、上海等。这里还有扬子鳄、白鳍豚、中华鲟等珍稀动物和鱼类。

黄河

黄河是中国第二大河，也是世界上含沙量最大的河流。上源马曲（约古宗列渠）出青海省巴颜喀拉山脉雅拉达泽山麓；卡日曲出各姿各雅山麓，在鄂陵附近相汇，东流经四川、甘肃、宁夏、内蒙古、陕西、山西、河南等省区，在山东省北部入渤海。黄河全长 5 464 千米，流域面积 75.24 万平方千米。其支流有洮河、湟水、无定河、汾河、渭河、洛河、沁河等。内蒙古自治区托克托县河口镇以上为上游，流经高原峡谷，水流较清；河口镇至河南省郑州桃花峪为中游，穿行黄土高原，含沙量增大，水色浑黄；桃花峪以下为下游，流入华北平原，水流缓慢，泥沙淤积，两岸筑有大堤，成为高出地面的"地上河"。黄河旧时经常泛滥成灾，历史上有较大改道 26 次之多。新中国成立后，在上中游进行了水土保持，并兴建三门峡、青铜峡、刘家峡、龙羊峡、李家峡、小浪底等水利工程；在下游修固堤岸，进行各项综合治理。

大运河

京杭运河是世界上开凿最早、水道最长的水利工程，又称大运河。它北起北京市，南抵浙江省杭州市，流经天津、河北、山东、江苏和浙

江，沟通海河、黄河、淮河、长江和钱塘江五大水系，全长1 747千米。

京杭运河全程共分七段，从北到南依次为：①通惠河（北京城区—通州）；②北运河（通州—天津）；③南运河（天津—临清）；④鲁运河（临清—台儿庄）；⑤中运河（台儿庄—淮阴）；⑥里运河（淮阴—扬州）；⑦江南运河（镇江—杭州）。从春秋战国时代起，运河就对中国的政治、经济、文化的发展发挥了巨大的作用。在"南水北调"工程中，就是以运河为输水线路，引长江水由运河输送到华北的缺水地区，以缓解该地区供水的压力。

湖泊

中国河流众多，湖泊密布，天然湖泊约有二万四千个，面积在1平方千米以上的天然湖泊达二千八百多个，1 000平方千米以上的大湖有13个，总面积约八万平方千米。我国东部多淡水湖，面积为3.6万平方千米，占总面积的45%左右。中国著名的五大淡水湖是鄱阳湖、洞庭湖、洪泽湖、太湖、巢湖。鄱阳湖是中国第一大淡水湖，位于江西省，面积2 933平方千米；洞庭湖是中国第二大淡水湖，位于湖南省，面积2 432.5平方千米；太湖位于江苏省，面积2 425平方千米；洪泽湖位于江苏省，面积1 577平方千米；巢湖位于安徽省，面积769.5平方千米。中国西部多咸水湖，著名的有青海湖等，青海湖区是世界上海拔最高的湖区。中国最深的湖泊是位于长白

山主峰的天池，湖水深达373米。

中国的湖泊绝大部分属中、小型湖泊，分布范围广却不均匀，主要分布在长江中下游平原和青藏高原、内蒙古高原、云贵高原。柴达木盆地和准噶尔盆地湖泊分布也较多，但长江上游、珠江流域和浙闽丘陵等地区的湖泊却寥寥无几。

沼泽

中国沼泽主要分布在东北的三江平原、大兴安岭、小兴安岭和长白山地区，其次分布在青藏高原、云贵高原、天山山麓与阿尔泰山区及各地的河滩、湖滨、海滨一带，总面积达11.3万平方千米。

沼泽是一种特殊的自然综合体。中国有很多由泥炭积累的沼泽地。按有无泥炭积累，可划分为泥炭沼泽和潜育沼泽两大类。目前，中国的沼泽大部分处于富营养发育阶段，贫营养沼泽很少，而且处于地势低平、丰水的地段。

冰川

中国是世界上中低纬度现代冰川分布最广的国家，冰川分布地域辽阔，大致分布于四川雪宝顶以西至帕米尔，云南云龙雪山以北至阿尔泰山之间的广大高山高原地区。冰川分布跨越新疆、西藏、甘肃、青海、四川和云南6个省区，纵横2 500千米，冰川总面积58 651平方千米，占亚洲冰川总面积的40%。中国的冰川都是山岳冰川，包括悬冰川、冰斗冰川、山谷冰川、平顶冰川。

中国冰川的活动层温度较低，冰川流动缓慢。10千米以下的冰川表面每年平均流动不超过30米，比世界其他同纬度山地冰川流速低得多。但是西藏东南部的山地冰川属季风海洋性气候，因此流速较快，高出其他冰川数倍。由于气候不断变暖，自20世纪50年代以来，大多数冰川都处于强烈退缩状态。

海岸

中国濒临西北太平洋，大陆海岸线自鸭绿江口至北仑河口，长达1.8万多千米，再加上五千多座大小岛屿的海岸线，总长三万二千多千米，从海南岛至黑龙江省漠河。中国海岸可分为三种类型：平原海岸、山地丘陵海岸和生物海岸。平原海岸还可分为三角洲与三角湾海岸、粉沙淤泥质平原海岸及沙质或砾质平原海岸等三类；山地丘陵海岸可分为侵蚀基岩海岸和堆积基岩沙砾质海岸；生物海岸分为珊瑚礁海岸和红树林海岸两类。中国的南海诸岛和澎湖列岛就是珊瑚礁海岸；红树林海岸分布在广东、广西、海南三省沿岸，尤其以海南岛的红树林最为茂盛，是中国最大的一片红树林保护区。

海岩是指海滨或海滨的陆地边界、紧接海洋边缘的陆地

岛屿

在中国辽阔的海域上分布着大大小小五千多个岛屿，总面积约八万平方千米。中国的岛屿分布不均：若以海区分布的海岛数而论，东海最多，南海次之，黄海居第三位，渤海中岛屿最少。所有岛屿之间的面积相差悬殊，其中台湾岛最大，面积为3.58万平方千米，素有"宝岛"之称，这里不仅物产丰富、经济发达，而且风光秀丽，是岛屿中光彩夺目的明

总 述

珠。位于台湾岛东北海面上的钓鱼岛、赤尾屿,是中国最东的岛屿。南海共有二百多座岛、礁、滩、暗沙,分属东沙、西沙、中沙、南沙四个群岛。另外,还有庙岛群岛、长山群岛、舟山群岛、澎湖列岛等,它们都是中国的重要岛屿。这些岛群及其所属各岛,自古以来就是中国领土的一部分。

海峡

中国的海峡自北向南有渤海海峡、台湾海峡和琼州海峡三大海峡。

渤海海峡是中国辽东、山东两半岛之间的狭长水道,南北相距约九十多千米,是黄海与渤海的"咽喉"。渤海海峡中众多的岛屿把海峡分割成许多大致呈东西走向的水道,潮流长期反复地来回冲刷,使得原本浅浅的水道被切割得又陡又深。现今的渤海海峡中较大的水道有6条:老铁山水道、小钦水道、大钦水道、北砣矶水道、南砣矶水道和登州水道。

台湾海峡是中国最大的海峡,位于福建省与台湾省之间。它不仅是台湾与福建的天然分界线,也是东海和南海的连接点。与渤海海峡不同的是,它是岛屿与大陆之间的水道。自东北到西南长约四百四十千米,东西宽约二百千米,平均水深60米,海峡南高北低,由东西向中部倾斜。海峡南部的澎湖列岛由64个大小岛屿和许多浅滩、暗礁组成,这些岛屿是海底火山喷发而形成的。

琼州海峡是海南岛与广东省雷州半岛间的一条水道。海峡东西长80.3千米,南北平均宽度为29.5千米,是中国的三大海峡之一,因海南岛别称琼州岛而得名。与渤海海峡、台湾海峡相比,琼州海峡有四点相异之处:地理纬度低,是岛屿与半岛之间的水道,海峡海底地形是一个潮流深槽,海峡中没有岛屿。

地理图鉴
中国气候简介

中国地域纬度跨度较大，因此气候有大陆性季风气候显著和气候复杂多样这两大显著特征，同时冬季盛行偏北风，夏季盛行偏南风，四季分明，雨热同期。

大陆性季风气候

大陆性季风气候是中国的典型气候，它有三个主要特征：其一，气温年较差和日较差较大，冬夏极端气温差异更大。其二，降水分布不均匀，主要表现在年降水量自东南向西北逐渐减少，相差悬殊。在季节分配上，冬季降水少，夏季降水多，且年际变化很大。其三，冬夏风向更替十分明显。冬季，多为偏北风，寒冷干燥。每逢冬季，中国东部地区比同纬度的世界各地气温都低。夏季，风主要来自海洋，多偏南风，温暖湿润。而且雨季的规律性十分明显：雨季来临时间南方早于北方，东部早于西部；雨季结束时间刚好相反，北方早、南方迟，西部早、东部迟。

气温

中国南部处于亚热带地区，北部属寒温带，东部临海，西部深居内陆，东西南北气温相差十分悬殊。在高度变化较大的地区，年均温差也很大，形成垂直气候带。1月份南方海南岛平均气温20℃，北方漠河

达 -30℃以下，温差极大；夏季时太阳直射点北移，北方日照时间长，夏季风从海洋吹向陆地，南北温差较小。

降水

中国各地雨热同期，降水变化较大。中国降水的方式有锋面雨、台风雨、地形雨和对流雨，其中以锋面雨为主。中国年降雨量从西北向东南逐渐增加，起于东北地区大兴安岭，止于西南与不丹边境的500毫米等雨量线，大致把中国分为西北和东南两半。西北内陆与海洋相隔遥远，加上重重山岭阻隔，成为中国雨量最少的地方。塔里木盆地、柴达木盆地边缘的降水主要来源于夏季风。夏季风的活动规律和异常变化等都会对中国的降水产生深刻的影响，夏季风在时间和空间分布上不均匀，会形成降水的三大特点。①降水量的地区分布不均，从东南沿海向西北内陆逐渐递减。②降水量的季节分布不均。降水量集中于5月~10月。③降水量的年际变化不均，自东南向西北逐渐增大。中国的降水量分布不均和年际变化不均是造成旱涝灾害频繁的直接因素。许多地区年降雨量均在20毫米以下，沙漠地区甚至终年没有降雨。

台风

台风是发生在热带海洋上强烈的大气涡旋。中国南海北部、台湾海峡、台湾省

及其东部沿海、东海西部和黄海均为台风通过的高频区。在中国登陆的台风有季节性特点，台风的强度随季节变化而有所差异。台风有益于农业生产的一面，可解除或缓解旱情，但也带来了狂风、暴雨和巨浪等灾害，常给海上运输、渔业和沿岸人民的生产生活造成危害。中国各省、市、自治区除新疆外，均直接或间接受到台风影响而产生暴雨。台风降雨是影响中国降水系统的重要因素之一。

梅雨

梅雨是春末夏初出现在中国长江、淮河流域的连绵阴雨天气。因空气潮湿，衣物容易发霉，又是梅子成熟的季节，故称梅雨，又称霉雨和黄梅雨。由于各年冷暖气流的强弱和进退迟早的不同，会使梅雨期出现早晚、长短和雨量多寡等变化。梅雨适时适量有利于农作物生长，若雨期过长或过短，雨量过多或过少，则会引起旱涝灾害。

中国古代关于梅雨的记载很多，如庾信诗："五月炎气蒸，三时刻漏长，麦随风里熟，梅逐雨中黄。"明李时珍《本草纲目》："梅雨或作霉雨，言其沾衣及物，皆生黑霉也。"

寒潮

寒潮是中国每年9月至翌年5月期间发生的危害较大的灾害性天气。当高纬度地区的强大冷空气迅速向南移动并侵入中国时，常使沿途地区迅速降温，并造成大风、雨雪等天气。根据寒潮影响地区的大小，分别将其定义为全国性寒潮和区域性寒潮。而寒潮所引起的降温分布受地形的影响很大。一般而言，西北、华北、东北的北部是受寒潮影响较大的地区，过程降温值平均12℃～14℃；对南方的影响通常弱于北方，但江南的南部和华南北部的南岭一带，受寒潮影响的程度同北方相同，而南岭一带甚至更强。

总述

地理图鉴

中国自然资源简介

自然资源存在于自然界，是人类赖以生存的重要基础。中国虽然资源丰富，但人均占有量却很少，所以我们要合理利用资源并让其发挥出最大的价值。

土地资源

中国现有耕地130万平方千米。东北平原、华北平原、长江中下游平原、珠江三角洲和四川盆地是耕地分布最为集中的地区。

森林资源

中国的森林面积较少，为159万平方千米。东北地区的大兴安岭、小兴安岭和长白山区是中国最大的天然林区，其次为西南天然林区，云南省南部的西双版纳是中国少有的热带阔叶林区，有"植物王国"之称。

中国的草地面积约四百万平方千米。在从东北到西南绵延三千多

千米的广阔草原上，分布着多个畜牧业基地。

水资源

中国是一个多河流、湖泊的国家，河川径流总量为 27 115 亿立方米，地下水资源量为 8 288 亿立方米，扣除因地表水与地下水互相转化而产生的重复水量后，全国水资源总量为 28 124 亿立方米。中国水资源的分布情况是南多北少，东多西少，空间分布不均，70% 的水资源分布在西南四省市和西藏自治区，其中以长江水系为最多，其次为雅鲁藏布江水系。黄河水系和珠江水系也有较大的水源蕴藏量。

植物资源

中国幅员辽阔，地形复杂，植被种类丰富，有高等植物 3.28 万种，分布错综复杂。在东部季风区，有热带雨林、热带季风雨林、南亚热带常绿阔叶林、北亚热带落叶阔叶常绿阔叶混交林、温带落叶阔叶林、寒温带针叶林，以及亚高山针叶林、温带森林草原等植被类型。在西北部和青藏高原地区，有半干旱草原、干旱草原、半荒漠草原灌丛、干荒漠草原灌丛、高原寒漠、高山草原草甸灌丛等植被类型。植物种类繁多，据统计，中国境内有种子植物 300 个科、2 980 个属、24 600 个种，其中被子植物 2 946 属。比较古老的植物约占世界总属的 62%。有些植物如水杉、银杏等，在世界其他地区现在已经灭绝，都是仅存于中国的"活化石"。种子植物兼有寒、温、热三带的植物，种类比全欧洲还多。

我国植物资源丰富,银杏、水杉、珙桐都是世界珍稀植物

动物资源

中国有脊椎动物 6 266 种，其中兽类 486 种，鸟类 1 258 种，爬行类 376 种，两栖类 284 种，鱼类 3 862 种，约占世界脊椎动物种类的 10%。此外，中国已定名的昆虫有三千多种。由于我国大部分地区未受到第三纪和第四纪大陆冰川的影响，因而保存着大量的特有物种。据统计，有 476 种陆栖脊椎动物为我国所特有，占我国陆栖脊椎动物种类总数的 19.42%，其中约有 2/3 的两栖类为特有物种。在三万多种高等植物中，约 50%~60% 为我国所特有。大熊猫、金丝猴、朱鹮、华南虎、藏羚羊、褐马鸡、绿尾虹雉、白鳍豚、扬子鳄等均为我国特有的珍稀濒危野生动物。

能源资源

中国能源蕴藏丰富。煤炭地质储量约占世界总储量的 12%，居世界第三位。水力资源占世界总量的 30%，理论蕴藏量 6.76 亿千瓦，居世界第一位。石油和天然气资源丰富，经普查勘探表明，石油的地质储量要比已探明储量大得多。现在新探明的天然气储量达 1 900 亿立方米。从煤炭、石油、天然气、水力等常规能源的资源总量来看，中国可列入世界能源资源最丰富的国家之一。除常规能源外，中国的新能源资源，例如核能、太阳能、地热能、风能、潮汐能等也有广阔的利用前景。但是中国的能源资源在地理分布上极不均衡，多分布于西部地区，经济发达地区的能源储藏极其贫乏。

自然保护区

中国目前的自然保护区呈大分散、小集中的局面，大部分分布于东部地区，南亚热带和中亚热带也是主要分布区，温带的保护区多分布于东北三省境内，并且偏居东部山地。热带的保护区在中国面积不

大，主要集中于海南和云南两省。

　　以保护完整的综合自然生态系统为目的的自然保护区分为以下几种类型：以保护温带山地生态系统及自然景观为主的自然保护区，如长白山自然保护区；以保护某些珍贵动物资源为主的自然保护区，如卧龙自然保护区；以保护珍稀孑遗植物及特有植被类型为目的的自然保护区，如黑龙江丰林自然保护区及带岭凉水自然保护区（以保护红松林为主）；以保护自然风景为主的自然保护区和国家公园，如九寨沟自然保护区；以保护特有的地质剖面及特殊地貌类型为主的自然保护区，如以保护近期火山遗迹和自然景观为主的黑龙江五大连池国家级自然保护区等；以保护沿海自然环境及自然资源为主要目的的自然保护区，主要有海南省的东寨港自然保护区和清澜港自然保护区等。

中国国家地理图鉴
ZHONGGUO GUOJIA DILI TUJIAN

东北地区

地理图鉴
黑龙江省

黑龙江省气候夏暖冬寒，冰期为5个月~6个月，为中国冬季最长、气温最低的省份，其省会为哈尔滨市。年降水量400毫米~650毫米，夏季温暖多雨，日照时间长，适于农作物生长。独特的气候造就了此地特有的旅游资源。

亚布力滑雪场

亚布力滑雪旅游度假区地处哈尔滨市以东193.8千米，距离牡丹江市120千米处。亚布力原名亚布洛尼，即俄语"果木园"之意。清朝时期曾是皇室和贵族的狩猎围场。亚布力雪山山高林密，海拔高度为1374米，年平均气温2℃~10℃。冬季山下积雪深度为30厘米~50厘米，是国内最大、条件最好的滑雪场地。

五大连池

五大连池在哈尔滨市以北410千米的五大连池市，是我国重点风景名胜区和重点自然保护区。因火山喷发，熔岩堵塞白河河道，形成了五个相连的火山堰塞湖，故名五大连池。周围有14座休眠火山，大面积石龙熔岩，形成五大连池火山群，是我国火山群分布最集中、原始地貌保存最完好、地质现象最齐全的火山群自然保护区，有"火山博物馆"之称。保护区总面积六百多平方千米，主要景观是五大连池、火山群和药泉山公园。

渤海国上京龙泉府遗址

渤海国上京龙泉府故城遗址位于宁安市渤海镇。上京城的建制和规模完全按照唐都长安城的建筑样式兴建。分为外城、内城和宫城（紫禁城）三部分。在宫城东侧有禁苑遗址，其南面有一个池塘，面积近两万平方米。人工砌成的假山以及一些楼台殿阁建筑的遗址分布在池塘东西两侧，建筑材料多用石料和砖瓦，有宝相花纹砖、文字瓦、莲花瓦当、各种釉瓦等。上京龙泉府在我国古代建筑史上也小有名气，为全国重点文物保护单位。

扎龙自然保护区

扎龙自然保护区位于齐齐哈尔市东南郊30千米处，面积420平方千米。这里地处乌裕尔河流域下游，河水漫溢，形成了广阔的沼泽地带。保护区内湖泊星星点点，芦苇、水草杂生，鱼类、蛙、软体动物等在此生活、繁殖，是水禽的理想乐园。据统计，这里生活着二百三十多种禽鸟，其中尤以鹤类最为著名。

镜泊湖

镜泊湖古称忽汗海，位于中国黑龙江省牡丹江上游西南部的山区，是由火山喷发大量玄武岩熔岩流壅塞牡丹江河床形成的堰塞湖。其湖面海拔350米，呈东北—西南方向延伸，长45千米，最宽处6千米，最窄处仅600米，面积95平方千米，容积16.3亿立方米。在湖的南部、牡丹江及其支流的河口有三角洲发育，地势低洼，河汊纵横，水草丛生，各种浮游生物极多，适宜鱼类生存，主要出产鲤、鲫、青、草、鲢、鳌花、红尾等鱼类。

地理图鉴
吉林省

吉林省因其以省会最初设在吉林市得名，后来才将省会改为长春市。该省平原和河谷地区农业发达，是中国重要的商品粮基地。山区除木材外，以人参、貂皮和鹿茸等特产著名，并生活着东北虎、梅花鹿、紫貂、麝等珍贵动物。

净月潭

净月潭在长春市区东南12千米处，景区面积一百五十多平方千米，119个山头起伏环列，层峦叠翠，林海茫茫，山花烂漫。面积4.3平方千米的碧水似一块晶莹的宝石，镶嵌在万绿丛中；湖岸曲折多变，山林倩影倒映在如明镜的湖水之中，宛若一幅漫无边际的泼墨画卷。每当月夜，月上树梢头，银盘入潭中，环境是那么幽静淡雅，清风徐徐，含情脉脉，人们如置身于月宫仙境。净月潭也由此而得名。

伪满洲国皇宫

伪满洲国皇宫在长春市东北部，是一处主建筑为琉璃瓦顶的建筑群，但其布局和风格杂乱而不协调，是伪满洲国皇帝爱新觉罗·溥仪的皇宫。

皇宫分内庭和外庭两部分。内庭是溥仪和后妃居住的地方。西院有缉熙楼、西花园，东院有同德殿、御花园、游泳池、书画楼；外庭是溥仪进行政治活动的地方，有勤民楼、怀远楼、嘉乐楼。其建筑风格既有中国古典式特色，又有欧洲式、日本式风貌。

吉林雾凇

雾凇又名"树挂"，是江城吉林市最有名的自然景观，每年都有大量游客为欣赏雾凇奇景，不远万里专程来到这里。形成雾凇需要两个天气条件，一是气温低于-25℃，二是风力小于3级。每当隆冬时节，冰封大地之时，流经吉林市区的松花江受丰满水电站的调控，江面始终不冻，当自然条件具备时，江面的水汽便会在低温下凝结于江畔树枝上，形成罕见的雾凇景观。

松花江

松花江发源于长白山天池，浩浩荡荡的江水一泻千里，流过茫茫的黑土地，养育了生活在这里的东北人民。松花江造就了东北古代灿烂的文明，辽、金、清诸王朝都发迹于此，耶律阿保机的善战，完颜阿骨打的骁勇，努尔哈赤的英勇与剽悍，都让后人想到这片白山黑水的苍茫。冬季的松花江，气候严寒，温度有时候会降至-30℃，结冰期长达5个月。

长白山

　　长白山风景名胜区坐落在吉林东北部安图、长白、抚松三县的交界处，与朝鲜相邻。该风景区由长白山自然保护区、天池、圆池、长白山温泉群等景区组成。景区里有丰富的自然资源，还是"东北三宝"即人参、鹿茸、貂皮的主要产地。此外，景区里还生活着长白虎（东北虎）、梅花鹿、黑熊、白天鹅等珍禽异兽，是一个闻名中外的风景名胜区。天池是长白山风光最优美的地方。它是东北地区最高的高山湖，原是一个已封闭的火山口。天池多雾的环境使这里一年难得有几天晴朗的天气。在天池四周，还耸立着16座千姿百态的山峰，构成了绮丽的自然风光。

长白山风光

谷底林海

　　这一景观距长白山冰场东5千米，在洞天瀑北侧。谷壁高50米~60米，树分三层，此火山口森林取名谷底林海，俗称地下森林，谷底南北长2 500米~3 000米，多针叶林。谷底古松参天，巨石错落，为长白山海拔最低的风景区。

千叶湖风景区

　　吉林通化千叶湖冰雪旅游大世界四面环山，一池碧水，雪期长、冰质好、坡缓、雪道长、项目集中是其优于同类景区的显著原因。千叶湖集冰、雪、冰灯、冰雕为一体，冬玩冰雪夏嬉水，春赏山花秋采摘，外加高空钢缆，组成了地面、空中、冰上四季皆宜的立体交叉旅游运动场地，使这座老滑雪场重新焕发了生机。

地理图鉴
辽宁省

辽宁省的省会为沈阳市,该省由于自然资源丰富和濒海的缘故,成为我国重要的重工业基地,而且这里沿海渔盐业和海运非常发达,所以吸引了大批游人前来观光旅游,致使旅游业极为兴盛。

沈阳故宫

沈阳故宫在沈阳市旧城中心,是我国现存仅次于北京故宫的最完整的皇宫建筑,具有很高的建筑艺术水平和浓厚的民族风格。它占地4.6万平方米,四周有高大的宫墙,是由十几个院落、三百多间房屋组成的建筑群。宫殿气势恢宏,金碧辉煌,全部建筑可分为三大部分。东路主体建筑是大政殿,是大臣办事的地方;中路主体建筑为崇政殿,俗称金銮殿,是皇帝临朝听政的地方;西路以文溯阁为中心,是皇室读书、娱乐的场所,主要建筑有文溯阁、戏台、嘉荫堂、仰熙斋等。整座皇宫楼阁高耸,殿宇轩昂,雕梁画栋,富丽堂皇,充分体现了我国古代建筑艺术的独特风格。

兴城海滨

兴城海滨位于辽宁省西南部。这里有完整的明代古城,热气升腾的温泉,挺拔秀美的首山,烟波浩瀚的大海,桃源仙境般的菊花岛——这就是位于辽宁省兴城市的兴城海滨风景区。景区集城、泉、山、海、岛于一地,景观相映成趣,风光秀美,素有"第二北戴河"

之称。

本溪水洞

本溪水洞位于本溪市东35千米处，前临湍急蜿蜒的太子河，是本溪市东太子河流域天然溶洞的代表，号称"亚洲第一洞"，是距今四五百万年前的大型充水溶洞，洞长2.5千米，洞口如瓮，入洞20米即可见水域，水面时窄时宽，迂回曲折，河水最深处达7米。洞内钟乳石林立，石笋、石柱、石幔等千姿百态。水洞呈半月形，洞内冬暖夏凉，恒温在12℃左右，终年可泛舟其中。这里有龙潭、飞泉迎客、迎面石等五十余处景点。本溪水洞既具南方旱洞之景致，又有北方溶洞宏大之气概，是目前我国充水溶洞之冠。

千山

千山平均海拔400米，占地面积为44平方千米，是辽宁省著名的风景旅游胜地。千山的名称来源有几种说法：一种说法是千山山峰共有999个，取其整数，叫千山；另一种说法是千山的怪石奇岩似千朵莲花含苞欲放，所以千山又叫千朵莲花山。龙泉寺位于千山北沟中部，东距无量观约一千五百米，西距南泉庵也是1.5千米，是千山五大禅林之一，也是其中现存最大的佛寺。

崇兴寺双塔

在我国，双塔并立起源于南北朝时期，以后历代相承，成为一种深具表现力的建筑布局。在北宁市（原北镇县）城区东北部就有这样的一对双塔。因塔后有明代所建的崇兴寺，所以又叫崇兴寺双塔。两塔东西相对，都是八角十三层密檐塔，形制基本一致。东塔高43.85米，西塔高43.63米，两塔相距43米。崇兴寺双塔建造的确切年代已无法考证，但据双塔的造型、纹饰推断，可能建于辽代。

中国国家地理图鉴
ZHONGGUO GUOJIA DILI TUJIAN

西北地区

地理图鉴
陕西省

陕西省位于黄河岸边，是华夏文明的摇篮，古老的文化在这里历代传承，其省会西安市更有丰富的历史底蕴。它像一位风尘仆仆的老人，带着历史的沧桑，沿着古丝绸之路，渐行渐近，抖落一身的尘土，精神依然矍铄……

大雁塔

大雁塔位于西安城南和平门外大慈恩寺内，建于唐永徽三年（公元652年），是唐高宗为安置玄奘由印度带回的佛经而建造的。初建时为5层，武则天时扩建为10层，安史之乱中上面3层被毁。现塔高64米，共7层，是一座正方形楼阁式砖塔，古朴雄伟，充满了民族特色。塔的门楣、门框雕刻有图案和佛像，画面严谨，线条流畅，传说出自唐阎立本、尉迟乙僧之手，为研究我国古代建筑提供了重要资料。

大雁塔的东、西两侧有唐太宗李世民撰写的《大唐三藏圣教序》和唐高宗李治撰写的《大唐三藏圣教序记》石碑两座，均为唐代大书法家褚遂良所书，字体秀丽潇洒，是唐代遗留给后世的名碑。

小雁塔

小雁塔建于唐景龙元年（公元707年）。相传唐中宗李显令宫人摊钱，在荐福寺南边建造了一座秀丽高塔，形似大雁塔，但塔身较小，故称"小雁塔"。小雁塔比大雁塔小55岁。该塔现高43.3米，13层（原高45.85米，分15层）。砌面呈正方形，底层每边长11.38米，立于砖砌基座上。塔身各层宽度高度均由下至上逐层递减，愈上愈促，式样秀丽玲珑，造型优美。塔身各层南北有圆形拱门，底层南北石门上刻有阳文蔓草花纹和天人供养图像，雕工精细，线条流畅，是唐代精美的艺术遗产。

华清池

华清池位于西安东约三十千米的骊山脚下，是中国著名的温泉胜地。唐代建有富丽堂皇的"华清宫"，"华清池"便由此得名。华清池池水中含有多种化学成分，水温约43℃，适宜沐浴疗养。中国现代史上有名的"西安事变"就发生在这里。

昭陵

昭陵位于西安西北礼泉县城东北的九嵕山上，是唐太宗李世民的陵寝。始建于贞观十年（公元636年）葬长孙皇后时，至贞观二十三年（公元649年）葬李世民时才建成，历时13年。为唐代十八陵中最具代表性的陵墓。

陵园面积为200平方千米，今其建筑仅存遗迹，但正面南山下朱雀门的门阙和献殿，以及山北的玄武门、祭坛等墙基尚可辨认。

秦始皇陵

秦始皇陵位于西安市东约三十五千米处，南傍骊山，北临渭水，是世界上规模最大的陵墓。

现经考古查证，陵寝的形制分为内外两城，原坟墓上高一百多米的夯土陵丘，经两千

多年风雨侵袭,现尚存高 76 米、底为 485 米×515 米的夯土遗迹。陵墓内城为方形,周长 3 840 米,外城周长 6 210 米,墓地面积达 22 万平方米,全部陵园面积为 56.25 万平方米。陵园里有大规模的宫殿楼阁建筑,规模之大远远超过埃及金字塔。

据历史记载,秦陵墓底曾渗水,后用铜加固,上置棺椁,修建有宫殿楼阁和百官朝见的位次,墓内埋藏了无数奇珍异宝,但设有弩机,以防盗墓者。

由于陵墓尚未发掘,墓内实况至今还是一个谜。近年,据中国考古界透露,秦始皇长眠的宫殿仍然完好地保存于地下。

兵马俑坑

秦始皇陵兵马俑从葬坑位于秦始皇陵东侧 1 000 米处,是当地农民于 1974 年春天在打井时发现的。据钻探得知:从葬坑共有三个,以 1974 年发现的东西长 230 米、南北宽 62 米、深五米左右的 1 号坑为最大,由长廊和 11 条过洞组成,中间置有排成方阵的与真人、真马大小相同的武士俑和拖战车的陶马共八千多个。2 号坑位于 1 号坑的东北,离 1 号坑约二十米,发现于 1976 年春,坑南北宽 84 米,东西长 96 米,占地 9 216 平方米,面积达 5 000 平方米。2 号坑内包括步兵、战车、骑兵和弩兵等多兵种的联合阵容。3 号坑位于 2 号坑西边,南北宽 24.5 米,东西长 28.8 米,占地约五百二十平方米。据有关专家推断,3 号坑应当是用来统帅 1、2 号坑的指挥中枢,内有 1 乘战车,68 个卫士俑以及武器。

我国政府在 1 号坑原址上,于 1979 年建成了秦始皇陵兵马俑博物馆。秦始皇陵被称为世界第八大奇迹,它已被列为全国重点文物保护单位,也被联合国教科文组织列入《世界遗产名录》。

西北地区

地理图鉴
宁夏回族自治区

宁夏回族自治区简称"宁",省会为银川市。在那座座山峰间,沉寂的古文明遗址随着探险者的脚步向我们走来,文化的传承激荡着人们的心扉……

拜寺口双塔

拜寺口双塔位于宁夏回族自治区银川市西北方,贺兰山东麓的拜寺口,由两座相距仅八十余米的塔组成,这两座塔东西相对,四周的庙宇早已被毁,其始建年代也早已无法考证。

东面是砖筑八角十三层的塔,残高39.15米,塔身为密檐式,第一层较高,从第二层以上,各层檐间的高度骤然缩短。檐下每面有两个怒目圆睁的砖雕兽面,形象威猛。西面是一座砖筑十三层的塔,外形和高度与东塔相似,从第二层开始,以上各层塔身檐下每面正中有一浅龛,龛内都塑有一座或坐或站的佛像,这些佛像千姿百态,无一雷同。

西夏王陵

西夏王陵位于宁夏回族自治区银川市西郊,贺兰山东麓,共有11座,里面葬的是西夏王李元昊及其祖父、父亲和以后诸王等王族显贵。

南北长10千米,东西宽4千米的陵区随地势走向修筑而成,陵区内错落着11座西夏帝王的陵园,附近还有两百余座陪葬墓。每个陵园

41

的形体相似，但都各自构成一个单独完整的建筑群体。

贺兰山

贺兰山位于宁夏回族自治区和内蒙古自治区之间，是我国西北地区的重要地理界线。"贺兰"在蒙语中意为"骏马"，它驰骋在宁夏平原的西部，雄伟而峻峭，成为北方草原与荒原的分水岭。贺兰山地区动植物资源丰富，矿产资源充足，尤其煤矿资源更具经济价值。贺兰山风景区是我国著名的风景名胜之一，峰峦叠嶂，崖壁陡峭，主要景点有拜寺口双塔、小滚钟口、苏峪口国家森林公园、贺兰山岩画等。

贺兰山岩画

贺兰山岩画位于贺兰县西贺兰口内，这里发现了中国古代游牧民族凿刻在崖上的真实印迹，内容有人面像、打猎、放牧、战争、舞蹈、图腾与生殖崇拜等。粗犷、质朴的岩画多达数万幅，是中国古代文明的一大奇迹。

六盘山

六盘山又叫陇山，地跨宁夏、陕西、甘肃三省。主峰米缸山海拔2 942米，在固原、隆德、泾源境内，是历史上的交通和军事重地。六盘山境内林木繁茂，山清水秀，有千余平方千米的树林，植物七百八十多种，例如华山松、油松、圆柏、银杏、山桃、山荆子等树和党参、大黄、防风、白芍等药材。六盘山还有金钱豹、石貂等二百多种走兽，红腹锦鸡等一百五十多种飞禽，是国家级自然保护区。

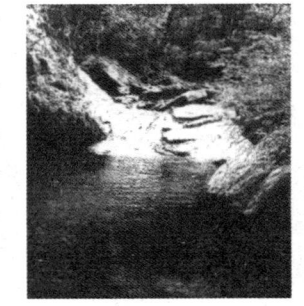

地理图鉴
甘肃省

甘肃省位于我国西北地区，其省会为兰州市。那里名山古迹隐在群山万壑之中，层楼叠阁居于险峰峻峦之上，流沙掩埋昔日的阳关，高科技的号角却在这里吹响……

雁滩

雁滩位于兰州市东北隅，原是黄河中的 18 个沙岛，因早些年常有大雁栖息于此而得名。雁滩如今开辟了游泳区，成为游览胜地。此地黄河两岸水车转动、灌溉农田、皮筏争渡、载货送人，一派繁荣景象。

玉门关·阳关

玉门关为长城著名关口，城堡主体用黄土筑成，墙高 9.7 米，四方形，占地 633 平方米。登上玉门关极目远眺，可以望见汉代用泥土和芦苇秆相间修筑的古长城。

阳关在玉门关之南，又由于自古以山南水北为阳，故称阳关。关南是起伏的祁连山脉。阳关与玉门关、敦煌城成犄角之势，紧守河西走廊西端的大门。今天，茫茫无垠的流沙，已经把古阳关掩埋了。从古董滩向西翻越几道山梁，就能见到阳关西长城的遗址了。

崆峒山

崆峒山山势雄伟，巍峨险峻，群峰连绵，是一座著名的历史名山。秦始皇、汉武帝等许多帝王都曾经专程巡游过这里。崆峒山也是我国的道教圣地，这里留下了一百二十多处与道教有关的古迹。主峰翠屏峰，海拔 2 123 米，坡度极陡，游人须扶铁链才能拾级而上。崆崆峒山下，泾河潆绕，建有崆峒水库。

祁连山

祁连山脉位于甘肃省西部、青海省东北部、河西走廊的南侧，东与秦岭、六盘山相连，西止于阿尔金山山口，与阿尔金山脉相连。经过历史上不断的板块升降运动，祁连山逐渐形成了地垒山地和地堑式谷地相间排列的地貌，其地势东南低西北高，并有广泛的冰川分布。"天苍苍，野茫茫，风吹草低见牛羊"就是古代祁连山下牧民生活的写照。

莫高窟

"莫高窟"原意是指"沙漠的高处"，始凿于前秦建元二年（公元366年）。莫高窟是古代丝绸之路上的一颗耀眼的明珠，蜂窝似的洞窟开凿在鸣沙山东麓的崖壁上，南北逶迤1 618米。

窟内壁画四万五千多平方米，彩塑佛像2 415尊。如果把壁画连接起来，可以组成一个长达25千米的画廊，是世界上最长、规模最大、内容最丰富、保存最完整的一个画廊。它是研究中国古代政治、经济、文化、军事、宗教的宝贵资料。

鸣沙山·月牙泉

鸣沙山和月牙泉位于敦煌市城南，离市区约六千米，是国内著名的两个"沙漠奇观"。鸣沙山南北宽20千米，东西长约四十千米，高达数十米。山上有一层潮湿的沙土层位于沙丘的下面，一旦风起，沙粒会震动，就会引起沙土层共鸣而发出声音。鸣沙山下有一个新月似的小湖，即月牙泉。泉东西宽约五十米，南北长约一百五十米。水西浅东深，最深的地方也仅约五米，泉水清澈如镜，碧如翡翠。尽管沙漠中每年都有狂风吹过，但月牙泉始终清澈如故，从而成为沙漠中的一大奇景。

西北地区

地理图鉴
青海省

青海简称"青",其首府为西宁市,它是本省的政治、经济、文化中心,古称"湟中",是一座具有两千一百多年历史的高原古城。

青海湖·鸟岛

青海湖位于西宁市西130千米处,有大通山、日月山与青海南山相环绕,系断层陷落而成,是我国最大的内陆咸水湖。其面积为4 340平方千米,水深近三十米,海拔3 193.92米,湖水由甘子河、沙柳河、黑马河、布哈河、泉吉河、莱挤河、倒淌河从四面八方汇集而成。湖畔草原广阔,野花芬芳,牛羊遍野,天高云淡,空气清爽宜人,湖上风帆点点、碧波万顷,构成了一幅浓墨重彩的西部风景画。

湖中有海心山、三块石等岛屿,还有与布哈河三角洲相连的半岛——鸟岛。这里栖息着斑头雁、鱼鸥、棕头鸥三种候鸟十万多只,密度之大举世罕见。每年在青海湖泉湾过冬的天鹅就有近千只。青海湖鸟岛为我国八大鸟类保护区之首,吃湖中美味,宿湖畔帐篷,令人心驰神往。

塔尔寺

塔尔寺位于湟中县鲁沙尔镇,这个镇位于西宁市西南约三十千米处。塔尔寺是中国西北地区的黄教圣地。中国黄教属于喇嘛教格鲁

45

派，共有六大寺院，分别是西藏的色拉寺、哲蚌寺、扎什伦布寺、甘丹寺、甘肃的拉卜楞寺和青海的塔尔寺。

大经堂是塔尔寺内最高权力机构所在地，也是最大的集会场所，面积为1 981平方米，堂内有108根大柱，柱的上部刻有精美的图案，柱身披饰绣柱衣，并以五彩缤纷的幢幡、飘带装饰。屋顶装有高大的鎏金经幢、宝塔、宝伞、法轮、倒钟、金鹿等饰物，金碧辉煌，光彩夺目，大经堂一片豪华富丽。

通天河

通天河位于青海省南部，是从长江上源沱沱河与当曲的汇流处以下河段到玉树县巴塘河口附近的直门达这一段长江的别称。通天河主要流淌于青藏高原腹地内，其海拔一般在四千五百米左右，与长江中下游河段相比，可谓是通天的河流。

澜沧江

澜沧江是亚洲第三长河湄公河的上游，上源是扎曲、昂曲，发源于青海省唐古拉山，曲折南流，流经青海、四川、云南入印度洋。在青海境内长约一百八十千米，水力蕴藏量可发电202万千瓦时。

金银滩草原

金银滩草原位于海北藏族自治州首府西海镇附近。每至夏季，那盛开的金鹿梅开着黄花，银鹿梅开着白花，绽放成片，犹如金色和银色的草滩，金银滩草原因此得名。草原是藏族同胞放牧之地，"西部歌王"王洛宾曾到此采风，并创作了《在那遥远的地方》等著名歌曲。

澜沧江上中游河道穿行在横断山脉间，河流深切，形成两岸高山对峙，坡陡险峻的V形峡谷

地理图鉴
新疆维吾尔自治区

群山簇拥，峰峦叠翠的新疆景观众多：流泉飞瀑，故城回眸，红色砂岩闪烁着异彩……其首府乌鲁木齐更如同一颗耀眼的明珠，镶嵌在祖国的西北方。

天鹅湖

乌鲁木齐西南部的巴音布鲁克草原上，有众多大小不等的高山湖泊，总面积达三百多平方千米。数以万计的天鹅聚集在这里，数量之多居全国之冠，故有"天鹅湖"之称。天鹅品性高洁，以食草为主，从不侵害庄稼，一旦雌雄结为伴侣，便朝夕相伴，忠贞不渝。因此，当地牧民把天鹅视为天使、幸福和吉祥的象征。

中国一号冰川

中国一号冰川位于乌鲁木齐南山地区天山中段喀拉乌成山主峰天格尔峰分水岭北侧，距乌鲁木齐118千米。该冰川形成于第三冰川纪，距今已有400万年的历史。冰川形状为双支冰山冰川，其冰川上限海拔高度为4480米，冰舌末端海拔高度3 740米，冰川长度为240米，面积1.85平方千米。

香妃墓

香妃墓位于喀什东北郊，是伊斯兰教白山派首领阿帕克和卓及其家人的墓地，始建于17世纪中期。陵墓建筑包括墓室、礼拜寺、讲经堂等，规模宏大，充满了维吾尔族特色。墓室平台上，排列着72人大小58座坟丘，香妃坟设在墓里的东北角，香妃在清宫生活了28

年，病逝后被葬入清东陵，这里就是她的衣冠冢。

楼兰古城

　　楼兰古城位于若羌县城北，罗布泊以西。作为楼兰国都，这里在东西方文化交流中曾起到过重要的作用，是汉代通往西域南路的必经之地。公元4世纪前后，楼兰国灭亡，人口外迁，楼兰成为一片废墟，后被飞沙湮没，被称为"沙漠中的庞贝"。

　　在这里出土了许多珍贵的文物，如汉五铢钱、贵霜王国的钱币、唐代钱币，以及汉文、铁刀、金银戒指、漆器、铜器、玉器等。其中最为珍贵的是汉代和晋代的手抄《战国策》。这些文物为研究中西交通、东西方文化交流，以及我国边疆与内地的历史联系提供了许多实物资料。

罗布泊

　　罗布泊位于塔里木盆地东面，南距若羌县城约二百千米，北距吐鲁番约二百五十千米，西邻楼兰古城。蒙古语称"罗布诺尔"，意为"汇入多水之湖"。原是新疆最大的湖泊，面积达3006平方千米，曾经也是全国最大的内陆咸水湖。后因注入湖泊的河流改道和水量的减少，湖面逐年缩小，现已近干涸。

阿尔泰山

　　阿尔泰山位于新疆北部与蒙古国西部，西北部在哈萨克斯坦和俄罗斯境内，呈西北—东南走向，总长两千多千米。阿尔泰山，蒙语的意思是"金山"。谚语称道"阿尔泰山七十二条沟，沟沟有黄金"，历史记载，在阿尔泰山曾挖出过一块重达170两的"狗头金"，足以证明该山黄金储量的丰富。我国境内的阿尔泰山风景优美，自然资源丰富，森林资源中的许多优质木材都非常珍贵，此外还有多种矿藏和优良牧场。

中国国家地理图鉴
ZHONGGUO GUOJIA DILI TUJIAN

华中地区

地理图鉴
河南省

阅读古代典籍和文学作品时，人们常会看到"中原"一词，这就是河南的古称。其省会郑州是历史悠久的古都之一，曾经的繁华，为郑州增添了无限的文化底蕴。

开封市

开封市位于河南省中部偏东，黄河南岸，古称汴梁、汴京，是中国历史文化名城之一，距今已有三千多年的历史，为中国的七大古都之一。春秋时期，郑庄公在此筑城，定名"开封"，取意于"开拓封疆"。战国时期的魏国以其为都城，叫大梁。北周时又因其地临汴水，称汴州。五代时期的后晋、后汉、后周，以及北宋和金都以其为都城。明清时称为开封府。

相国寺

相国寺位于开封市内，是著名的佛教寺院之一，是战国时魏公子信陵君的故宅。古时在寺中曾有唐吴道子、边思顺和宋李象坤、王道真等著名画家的画迹，并有许多著名高僧出自此寺。"相国寺"三字嵌于古朴、庄严的门楼正中，依门而卧的琉璃狮分列于大门左右，使古寺的气势大增。殿内有一尊约七米高的四面千手千眼观音木雕巨像，相传其为一棵大银杏树雕成的，全身贴金，精妙传神。寺内有一钟亭，一口巨大的铜钟悬于其内，约四米高，五吨多重，铸造于清乾隆年间。相传霜天凌晨时如果猛扣铜钟，钟声可以响彻全城。"相国霜钟"还获得了"汴京八景"之一的美称。

龙亭

龙亭位于开封市城内西北隅。这里原为北宋的故宫，也是明周王府的遗址。清康熙三十一年，这里建了一座万寿亭，亭内供有"皇帝万岁"的牌位，人们称之为"龙亭"。龙亭建在一座高达13米的巨大砖砌台基上，为重檐歇山式正殿。殿正面的石阶分三层72级，石阶中间嵌有雕龙青石，颇为精致。殿内正中放置着一个巨大的黑色"龙墩"，相传这是宣读皇帝诏书的地方。在龙亭的前面有两个大湖，把龙亭装点得蔚为雄伟。

嵩山

嵩山为"中岳"，位于河南省登封市境内，是中国的"五岳"之一。嵩山山峦起伏，松柏苍翠，峻峰奇异，寺庙林立，有闻名的"双十景"：辗辕早行、嵩门待月、颍水春耕、石淙会饮、箕阴避暑、少室晴雪、玉溪垂钓、龙潭贯珠、卢崖瀑布、嵩阳洞天、御寨落日、少室夕照、石池丛崖、石笋闹林、石僧迎宾、珠帘飞瀑、云峰虎啸、猴子观天、熊山积雪、峻极远眺。佛、道、儒三教在嵩山谷地留下了灿烂的文化痕迹。现存的观星台、嵩岳寺塔等6处古建筑都是国家重点文物保护单位；此外，还包括中岳庙、嵩阳书院等12处省级文物保护单位和18处县级文物保护单位，故有"文物之乡"的美誉。

观星台

观星台位于登封市东南15千米处的告成镇，北望中岳嵩山，南临箕山，是我国现存规模最大的古代天文观测建筑。此台创建于元代初年，至今已七百多年。观星台系砖石结构，由台身和量天尺两个部分组成，台高 9.46 米，连同台顶明代增建的小室通高 12.62 米。观星台北设有两个对称的踏道口，人们可以登台眺望。

洛阳牡丹

洛阳简称洛，位于河南省西部，面积为 1.52 万平方千米，是著名的历史文化名城，也是我国的七大古都之一。

洛阳牡丹天下闻名，自古就有"洛阳牡丹甲天下"的美誉。牡丹是洛阳的市花。相传牡丹花神不肯遵照武则天的命令在冬天开花，于是武则天把唐朝的长安牡丹发配到洛阳。后来牡丹花神就在洛阳安家，从此洛阳牡丹开得更加鲜艳、亮丽。

龙门石窟

龙门石窟位于洛阳市以南 13 千米处。其景观的主体是石刻造像，现存两千一百多个窟龛、四十余座佛塔、2 780 品历代造像题记和碑刻等皆开凿于从北魏到唐这一时期。它与甘肃敦煌莫高窟、山西大同云冈石窟齐名，被称为中国古代佛教石刻艺术的三大宝库。潜溪寺是龙门西山北端的第一个大洞。该洞于唐贞观十五年（公元 641 年）开凿。洞高 9.3 米、宽 9.5 米、深 6.65 米。洞内有阿弥陀佛像端坐于须弥台上，面相丰满，胸部隆起，衣纹斜垂座前，右手抬起（手指今已残损），姿态静穆慈祥。

华中地区

地理图鉴
湖北省

湖北省省会为武汉市，是该省的政治、经济、文化中心。该省多名山大川，多文化古迹，神秘的神农架、道教圣地武当山……古琴台、黄鹤楼留下了古今文人墨客的足迹。

黄鹤楼

黄鹤楼位于武汉市蛇山的黄鹄矶头，与湖南岳阳楼、江西滕王阁合称为中国的三大名楼。其主楼高50.4米，共5层，攒尖顶，层层飞檐，四望如一。中部大厅正面墙上有大片浮雕，展现了历代有关黄鹤楼的神话传说；三层设夹层回廊，陈列古代文人有关黄鹤楼的诗词书画；二、四层外有四面回廊；五层为瞭望厅，在此可观赏到长江的秀美景色。

武汉长江大桥

武汉长江大桥横跨于武昌蛇山和汉阳龟山之间，是我国在万里长江上修建的第一座铁路、公路两用桥梁。桥全长1 670.4米（正桥1 155.5米），桥高80米（自江底到公路）。下层为双轨铁路，包括人行道，宽达14.5米，可容纳两列火车同时对开。上层为公路，包括人

武汉长江大桥，被称为"万里长江第一桥"，是中国第一座横跨长江的桥梁

53

行道，宽达 20.25 米，可并列行驶四辆汽车。大桥共有 8 墩 9 孔，每孔跨度为 128 米，经常有巨轮通行。大桥两端的桥头堡高 35 米，分为四层，堡内设有电梯和扶梯，武汉长江大桥的建成让天堑变成了通途。

武当山

武当山风景名胜区坐落在湖北省丹江口市境内，又名太和山，是我国名山之一。这里山高峰险，洞深谷幽，气势磅礴。历代以来，有许多道教名士在此修炼过，武当也因此成为我国著名的道教圣地，被誉为"仙山神峰""洞天福地"，成为中华武术内家派武当拳的发祥地。

武当山上的紫霄宫建于明永乐十一年至二十一年（1413 年—1423 年），是当时在武当山上兴建的三十三大建筑群之一。数百级石阶两旁有成排的古柏侍立，宫门、龟碑亭、崇台、大殿、父母殿等建筑连成一片气势雄伟的建筑群。

神农架

神农架位于湖北省西部，面积为三千二百多平方千米，是我国东部最大的原始森林。这里也是一个充满神秘的区域。相传神农氏曾在这里尝遍百草，为民除病。由于山路险要，他只得搭架攀山，因而这里被称为神农架。神农架地处中国东西、南北植被的过渡地带，物种非常复杂，现存有一千多种植物，其中包括第三纪的珍贵孑遗树种。此外还有数目众多的珍稀动物，被誉为"华中林海"和"天然动植物园"。

华中地区

地理图鉴
湖南省

长沙市是湖南省的省会，这里出现过许多名人，领导中国人民建立独立自主新中国的伟大领袖毛泽东的故居就位于湖南长沙的韶山，这里已成为人们心中的圣地。

岳麓山

岳麓山位于长沙市湘江西岸，古人称其为南岳衡山之足，故得此名。岳麓山海拔300米，森林繁茂，竹翠花香，风景幽雅，文物古迹甚多，文化积淀深厚。湘江在山下缓缓流淌，可谓锦山绣水，风光无限。岳麓书院在岳麓山东面山下，始建于北宋开宝九年（公元976年），是我国古代著名的四大书院之一。书院依山而建，占地2.1万平方米，建筑面积近八千平方米，中轴线上排列着院门、赫曦台、大门、二门、讲堂、御书楼，两侧是教学斋、半学斋、湘水校经堂、船山祠、濂溪祠、百泉轩等。左边为文庙，右边有园林花圃。院门匾额"岳麓书院"四字为宋真宗亲题，门两侧有幅对联"惟楚有材，於斯为盛"。整个书院给人以清新雅致的文化气息。

毛泽东故居

毛泽东故居位于韶山市韶山冲内，是一座普通农舍，土墙灰瓦，

55

坐落在韶山冲中，四周松苍竹翠。在卧室、廊檐和碓屋之间，陈列着毛泽东的全家照，地上摆放着各种农具和日常器皿。在毛泽东卧室的桌上还摆着一盏油灯。那时候，毛泽东就是在这盏油灯下阅读各类革命书籍的。

韶山

韶山，群山环抱，峰峦耸峙，气势磅礴，翠竹苍松，田园俊秀，山川相趣。韶峰为南岳七十二峰之一，色彩绚丽。青年水库融蓝天，映青山，碧波荡漾。慈悦庵的六朝松，神秘的"西方山洞"等著名景观，点缀灵秀山川。毛泽东故居、毛氏宗祠、毛泽东纪念馆及新建的毛泽东铜像、毛泽东诗词碑林、韶山烈士陵园等为亿万人所敬仰，给韶山增光添彩。

岳阳楼

岳阳楼位于岳阳市区，为该城西门城楼，是我国古代三大名楼之一。它的前身相传为三国时东吴名将鲁肃所建的阅军楼。唐开元四年（公元716年），张说来守岳阳，常与诗友登楼吟诵，岳阳楼遂逐渐闻名。宋庆历五年（1045年）重修，范仲淹特作《岳阳楼记》一文，以"先天下之忧而忧，后天下之乐而乐"的名句传于后世，岳阳楼也因而成为我国南方的又一大名胜。

湘江

湘江是湖南省第一大河流。发源于广西壮族自治区灵川县海洋山西麓的海洋河，同桂江上源漓江间有灵渠（湘桂运河）相通。自河源

华中地区

至零陵为上游段，两岸层峦叠嶂，其中广西全州至零陵段为湖口岭峡谷，两岸石灰岩峭壁和溶洞错落相陈，风景秀丽。零陵至衡山为中游段，沿江丘陵、盆地和峡谷交替出现，河道蜿蜒曲折，由于两岸有春陵水等较大的支流汇入，所以水量大增。衡山以下为下游段，河谷展宽，沿江有宽阔的河漫滩地和低缓的红土低地。望城县靖港以下属尾闾，进入了洞庭湖平原，这里港汊纵横，平畴万顷。

衡山

衡山为中国五岳中的南岳，位于湖南省衡山县西15千米处。祝融峰之高、水帘洞之奇、方广寺之深、藏经殿之秀为南岳四绝。由于山峰奇秀，为历代帝王祭祀之处。相传舜南巡和禹治水都曾经过衡山。其后除汉武帝因衡山路远而迁祀安徽省天柱山外，历代帝王祀典南岳相沿不变。此地名胜主要有南岳大庙、祝圣寺、方广寺、藏经殿等。坐落在衡山市南岳镇的南岳大庙，是五岳中规模最大、总体布局最完整的古庙建筑之一。衡山在与日本和东南亚一些国家的佛教交往史上具有重要地位。这里珍贵植物种类繁多，尤以红花油茶、日本樱花、金毛皂荚、猕猴桃最为有名。

洞庭湖

洞庭湖为中国第二大淡水湖，位于湖南省北部，长江南岸，水面跨湘、鄂两省，南接湘、资、沅、澧四水，北纳长江干流松滋、太平、藕池、调弦四口（后者已于1958年封堵断流）分流，湖水由岳阳城陵矶泻入长江。洞庭湖是长江流域最主要的集水、蓄洪湖盆，削减洪峰流量近30%左右，减轻了汛期洪水

洞庭湖滨湖的风光极为秀丽，许多景点都是国家级的风景区，如岳阳楼、君山、杜甫墓、杨么寨等

57

对长江中、下游的威胁。

洞庭湖鱼类资源丰富，银鱼是洞庭湖的特产鱼类，尤以沅江河道中的清水银鱼驰名中外。湖区盛产苎麻、君山茶和湘莲。同时湖区也是全国重要的商品粮基地之一。

张家界国家森林公园

张家界国家森林公园以其独特的石英砂岩峰林和原始次生森林景观而闻名遐迩。金鞭溪之幽、黄石寨之雄、腰子寨之险、琵琶溪之秀、杉刀沟之野、袁家界之奇，无不让人叹为观止。自老磨湾至水绕四门，两岸石柱危峰摩肩接踵、顶天立地，溪水涓涓，串成汪汪水潭、瀑布，古木奇花、珍禽异兽同生共荣，构成极为秀丽、清幽的生态环境，被称为"世界最美的峡谷"。

武陵源

武陵源区由张家界国家森林公园与索溪峪和天子山自然保护区三个部分组成，总面积达360平方千米。这里居住着汉族、土家族、苗族、白族等民族，约四万人。武陵源资源丰富，生态完整，具有重要的科学研究价值。集中国内名山的雄、奇、险、秀、幽、野于一体，武陵源区作为全国重点风景名胜区和世界自然遗产，已被列入《世界遗产名录》。

中国国家地理图鉴
ZHONGGUO GUOJIA DILI TUJIAN

华北地区

地理图鉴
北京市

北京是举世闻名的历史古都,居于中国历史文化名城之首。有国家级、市级、区县级文物保护单位六百余个。辽、金、元、明、清各代的名胜古迹更是遍布京城和远近郊区。

天安门广场

天安门广场位于北京市城区中心,是世界上最大的广场。天安门广场南北长880米,东西宽500米,面积达44万平方米,可容纳100万人集会。我国的五四运动、一二·九运动和中华人民共和国的开国大典等重大历史事件都发生在这里。天安门广场凭借着特殊地位、历史内涵丰富、知名度高的特点,吸引着千千万万海内外的游人。广场北端是天安门城楼,南端是正阳门,西侧是人民大会堂,东侧是中国历史博物馆和中国革命博物馆,中央矗立着人民英雄纪念碑,碑南为毛主席纪念堂。天安门广场以其壮丽开阔、宏伟庄严的雄姿闻名于世。

天安门城楼

天安门城楼坐落在十多米高的红色墩台上,通高34.7米。城楼雕梁画栋、重檐飞翘、

红墙黄瓦，蔚为壮观。金水河位于城楼下，五座雕琢精美的汉白玉桥横跨在河上，两对雄健的石狮和一对挺秀的华表耸立在桥前。

1949年10月1日，毛泽东主席登上天安门城楼，向全世界宣告中华人民共和国成立。从此以后，天安门就成了新中国的象征，我国的国徽上也有天安门的图形。

故宫

故宫在北京市城区中心，旧称"紫禁城"，是明、清两个朝代的皇宫，是世界上现存规模最大、建筑最宏伟、保存最完整的古代宫殿建筑群。故宫始建于明永乐四年（1406年）。历时14年建成，迄今为止已有六百多年的历史了。故宫分外朝、内廷两大部分。外朝以太和、中和、保和三大殿为中心，文华、武英两殿为侧翼。内廷以乾清宫、交泰殿、坤宁宫为后三宫，还有东六宫、西六宫、宁寿宫、慈宁宫和御花园等。

天坛

天坛公园位于永定门内东侧，占地面积达273万平方米，比北京故宫的面积还要大3倍多，是我国现存最大的一处坛庙建筑，它以严谨的布局、独特的结构而闻名于世。从高处俯视，可明显发现天坛的建筑分内、外两重围墙，两重墙的北墙呈圆形，南墙呈方形，象征着"天圆地方"，而北墙又高于南墙，表示"天高地低"之意。

雍和宫

雍和宫位于东城区雍和宫大街东侧，占地约六万多平方米，有殿宇千余间，前半部疏朗开阔，后半部密集而起伏，殿阁错落，组成一组规模宏大的古建筑群。南门口有三座精美华丽的牌坊，中轴线上有天王殿、雍和宫大殿、永佑殿、法轮殿、万福阁五重大殿。两侧有讲经殿、密宗殿、医学殿、数学殿及诸多东、西配殿。东路原有宫东书院、平安居、如意室、太和斋、海棠院及花园；西路原有观音殿和关帝庙。

钟鼓楼

钟鼓楼取"暮鼓晨钟"之意，是明清两朝向着北京城敲钟击鼓报时的地方，它位于景山公园北约两千米的东城区地安门外大街。

旧北京以紫禁城为中心的南北向有一条中轴线，南端从永定门起，经前门、天安门、穿故宫、越景山，北止钟楼，全长8千米。钟楼旧址为元代万宁寺的中心阁。重建于清乾隆十年（1745年），全部用砖石建成，楼高33米，四面开券门，灰墙绿瓦。钟亭内悬挂大铜钟，厚约0.27米，高5.55米，重63吨，声音宏亮。此钟铸于1420年，比北京大钟寺的永乐大钟还重16.5吨，是中国最重的一口铜钟。但此钟的艺术价值和知名度却远不如永乐大钟。

钟鼓楼是中国古代用以司时的公共性楼阁建筑，钟和鼓原本都是古代乐器。以后才用于报时

鼓楼在钟楼南一百多米处，建于元初至元九年（1272年），原名

齐政楼，为元大都的中心。明永乐十八年（1420年）重建，清嘉庆五年（1800年）重修。下为4米高的城台，东西长55.6米，南北宽约三十米，台前后各有3个券门洞，东西各有一道。台上有重檐城楼。鼓楼是明清两代向全城击鼓报时之处。1924年鼓楼曾一度改为"明耻楼"，陈列有八国联军入侵北京时有关国耻的实物，现存楼上的一面更鼓上有明显的刀痕。

圆明园遗址公园

圆明园遗址公园位于北京西郊海淀区内，由圆明、万春、长春三园组成。圆明园占地约三百三十万平方米，水面占全园面积的一半以上，三园各有自己的宫门和殿堂，园内河流潆洄，堤岛相望，园中有园，景中有景，名树奇花遍植，奇岩怪石巧布。就是这座辉煌的绝代名园、人间仙境，却于1860年被英法联军彻底洗劫，园中珍宝被掠夺一空，整座园林被纵火焚毁。圆明园废墟的遗址上一片狼籍，满目凄凉，留给了人们无限的遗憾及对往日盛景的遐想。

颐和园

颐和园位于北京市西郊海淀区内，是我国现存规模最大、造景最丰富、保存最完好的皇家园林。颐和园由万寿山、昆明湖两大部分组成，占地290万平方米，其中水面占总面积的3/4，建筑面积约七万平方米，各式古建筑三千余间，有林木三十余万株。园林汇集了我国北雄、南秀的园林艺术特色，葱郁苍翠的万寿山衬托着碧波万顷的昆明湖，湖光山色，云影松风。借西山、玉泉山群峰之景，扩展了无限空间，气魄宏大，手法巧妙，是"虽由人做，园自天成"的园林典范。

卧佛寺

卧佛寺位于北京西山北部、寿安山南麓，始建于唐贞观年间，初名兜率寺，后称昭孝寺、永安寺等。清雍正十二年（1734年）重修，并

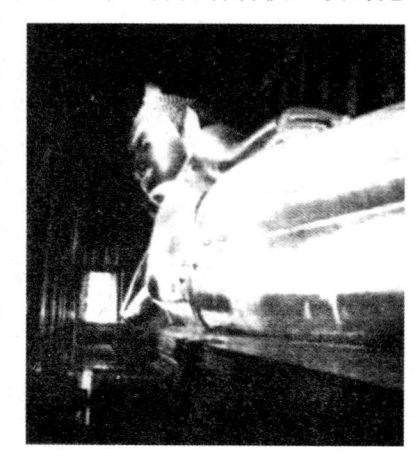

赐名"十方普觉寺",因寺内有元代巨大铜卧佛,故又称卧佛寺。

卧佛寺坐北朝南,背依寿安山,面对京郊沃野,寺前有古柏参天的甬道,挡风蔽日,环境幽深。寺由三组平列院落组成,中路入口处是一座四柱三楼彩色琉璃牌坊,过坊是一半圆形水池,上有石桥通向山门殿,左右有钟鼓楼,后面依次是天王殿、三世佛殿、卧佛殿和藏经楼,两侧围以廊庑配殿。东路有斋堂、大禅堂、斋月轩、清凉馆、祖堂等,西路为行宫院。

山门殿内哼哈二将分列左右。天王殿奉弥勒佛、韦驮和四大天王;三世殿奉释迦牟尼佛、药师佛和阿弥陀佛,两侧有彩塑十八罗汉,其中有一尊罗汉头戴盔帽,身穿金龙补花绿袍,传说是依照乾隆形象塑造的。

卧佛殿是寺中主殿,殿内铜铸的释迦牟尼佛卧像长五米多,右手支额,左手平伸,双目微合,慈祥安宁。像后环立12尊泥塑彩绘圆觉立佛,再现了佛祖涅槃于菩提树下,向弟子们嘱咐后事的情景。

卢沟桥

卢沟桥坐落在北京广安门外西南约十五千米处。它横跨卢沟河(今永定河),卢沟桥之名由此而来。该桥于金大定二十九年(1189年)修建,是北京保留下来的历史最悠久的一座石造联拱桥。卢沟桥气势雄伟,长266.5米、宽7.5米,共有11个涵洞。在桥身两侧的石雕护栏上,共建有281根望柱,柱头上雕有卧伏的大小石狮,共485个。这些石狮雕刻得神态各异、栩栩如生。清乾隆题"卢沟晓月"的汉白玉碑立在桥东的碑亭内,此即"燕京八

孔庙是具有东方建筑特色、规模宏大、气势雄伟的古代建筑

景"之一。

明十三陵

明十三陵位于北京西北郊昌平县境内，距城区50千米。陵区占地40平方千米，三面群峰环护，正南是平原沃野，龙山、虎山耸立两侧，宛若青龙、白虎守门。朝宗河潆绕东去，景色壮丽、气势雄阔、建筑宏伟。明十三陵是明代十三位皇帝的陵墓，陵内埋葬着明代从朱棣（明成祖）至朱由检（明思宗）13位皇帝和23位皇后与众多的嫔妃、皇子、公主及陪葬的宫女等，是我国现存最集中、最完整的皇家陵园建筑群，各陵的建制虽不尽相同，但都大同小异。各陵平面均呈长方形，建筑自石桥起，依次为陵门、碑亭、陵恩门、陵恩殿、明楼、宝城等。

陵区前端矗立着一座宏伟精美的汉白玉石牌坊，宽28.86米，高14米，柱石上雕刻着麒麟、狮子、龙和怪兽，云腾浪涌，形态逼真。坊额上刻有云纹，优美飘逸，这座晶莹华美的牌坊，是我国现存最大、最早的石坊建筑。过石坊是陵区的正门，门前竖着"官员人等至此下马"碑。往前便是神道，神道长750米，两侧有石人12座、石兽24座，均为明宣德十年（1435年）雕凿。向北为棂星门，又称龙凤门，还有火焰牌坊。现在附近辟有大片花艳果香的桃园和碧波万顷的十三陵水库，景色清雅迷人。

长陵在天寿山主峰下，是明成祖朱棣和徐皇后的陵寝，为十三陵中最早、最大的一座。陵园用红墙围绕，分为三个院落。从陵门到陵恩门为第一进院落，院内苍松翠柏、花木扶疏。从陵恩门到陵恩殿为第二进院落，陵恩殿即享殿，是祭陵时行祭祀典礼的场所，面积为1956平方米，它能够与故宫太和殿、曲

明十三陵是中国乃至世界现存规模最大、帝后陵寝最多的一处皇陵建筑群

阜孔庙的大成殿、泰山岱庙天殿这三大殿相媲美。殿内有独木制成的楠木立柱 60 根，其中 32 根金丝楠木明柱，最大的直径 1.17 米、高 14.3 米。梁、柱、檩、椽、斗拱等构件，也均为楠木制作，历经五百多年仍牢固如初，这样宏伟的建筑在我国是绝无仅有的。殿后内红门至明楼为第三进院落，有牌楼门、石五供、明楼等建筑，明楼中央石碑上刻有"大明成祖文皇帝之陵"。明楼后面即圆形宝城，直径 340 米，下面是尚未发掘的地宫。在陵寝两侧，还有东、西两坟，因其坟形如深井，故名东井、西井，坟内埋葬着 16 位为朱棣殉葬的宫妃。

定陵在长陵西南天寿山，是明代第十三位皇帝神宗朱翊钧和孝端、孝靖两位皇后的陵寝。其建筑格局基本与长陵相同，规模仅次于长陵。这是十三陵中第一座被发掘的皇陵，出土了大量的珍贵文物，为研究明代历史提供了宝贵的实物资料，现在这里建有定陵博物馆。

地宫距墓顶 27 米，总面积 1 195 平方米，由前、中、后、左、右五座高大宽敞的殿堂连成。前、中殿间有长方形通道，全部是拱券石结构无梁建筑。前、中、后三殿间各有一道石券门，两扇洁白的汉白玉石门，高3.3米、宽1.6米，重约四千千克，门上方横有青铜铸成、重约一万千克的长方形大梁，门内有高200米的"自来石"石门，制作精细。前殿空无一物。中殿内置帝、后的三个汉白玉宝座及点长明灯用的青花云龙大瓷缸和黄琉璃五供。左右配殿有汉白玉棺床，但未放棺椁。后殿为地宫中最大的殿，长30.1米、宽9.1米、高9.5米，地面铺磨光花斑石，棺床上放置朱翊钧与其两位皇后的棺椁，周围放有玉料、梅瓶及装满殉葬品的红漆木箱。地宫中出土大量丝织、金银、玉瓷器等文物达三千余件，其中的金冠、凤冠为绝世珍品。

明十三陵自永乐七年五月到明朝最后一帝崇祯葬入为止，先后共修建了十三座皇帝陵墓、七座妃子墓、一座太监墓。共埋葬了十三位皇帝、二十三位皇后、二位太子、三十余名妃嫔、一位太监

永陵在长陵东南阳翠岭下，是世宗朱厚熜和他的三位皇后的陵寝，建造宏伟精致。明楼保存之完好，为十三陵之冠。享殿遗址上有一块陛石，雕龙刻凤，玲珑精美，造型生动，为明代宫殿雕石杰作。

十三陵景区还有十三陵水库、九龙宫乐园等游览景点。

地理图鉴
天津市

天津地处华北平原，地势低平，多碱滩洼地。主要河湖有海河及其支流子牙河、大清河、永定河、七里海等。属于温带半温润大陆性季风气候，年均温度12.2℃。

泥人张

泥人张艺术由中国近现代天津民间彩塑艺术世家、清代道光年间天津民间泥塑艺人张明山所创，此后世代相传，经久不衰，并且已超出了张氏家族范围。泥人张彩塑的制作过程是选用细泥，经捏塑而成，并施以色彩，作品高不盈尺，其题材多采自平民百姓所喜爱的民间传说、神话人物、传统戏曲小说及现实生活。善用写实手法，人物生动传神，极具个性。

大沽口炮台

大沽口炮台位于天津市东南约六十千米的海河入海口，这里是天津海防要隘。大沽口炮台建于明代，清咸丰八年（1858年）重修。现共有大炮台五座（南岸三座，北岸两座），以"威、镇、海、门、高"五字命名，每个炮台放置三尊大炮。在第二次鸦片战争和清光绪二十六年（1900年）抗击八国联军时，爱国士兵和义和团战士曾在此地与敌人浴血奋战。光绪二十七年清政府与八国联军签订《辛丑条约》，规定拆毁大沽口炮台，最终唯独南岸的"海"字中炮台没有被毁，且至今保存完好，成为中国人民反抗外国侵略者的重要遗址。炮台临海，游人可在此处远眺海景。

黄崖关长城

盘山在蓟县城西北 12 千米处，距北京 90 千米，历史上被誉为"京东第一山"，曾被列入中国 15 座名山之一。盘山因山势蜿蜒，形如盘龙，故古称盘龙山，又名徐无山、四正山。盘山为燕山余脉，平均海拔 500 米，主峰挂月峰海拔 864 米。盘山自然景色十分秀美，层峦叠翠，云海松涛，景色变幻多姿，四季常新，其以"红杏青松之丽，层峦峭壁之奇"而闻名古今，以三盘、五峰、八石奇景称绝。

盘山

黄崖关长城位于天津市蓟县城北 30 千米的黄崖关一带，全长 3 025 米。这段长城始建于北齐天保七年（公元 557 年），明隆庆年间，戚继光任蓟州总兵时，曾对其进行过重修。1984 年，天津市人民再一次修补了这段长城，使之成为一处著名的旅游景点。

黄崖关长城是一段"文化长城"和"观光长城"，这里既有北齐的石墙，又有明代的砖墙，更有当代的水泥墙。在黄崖关长城内，有全国第一座长城碑林，黄崖关正南建有古长城博物馆，长城附近还修建了古营寨式旅馆和八卦阵等，登上长城可以一览京、津、冀之地风光。可以说，诗文风流与雄关险隘交相辉映，文武之道，相得益彰。

地理图鉴
河北省

河北省，简称冀，处于北纬 36°3′~42°40′，东经 113°27′~119°50′，省会为石家庄市，面积为 18.77 万平方千米。它的海上运输业较为发达，秦皇岛港为中国最大的能源输出港。

正定四塔

正定是中国历史文化名城之一，位于石家庄北部约十五千米处。正定有四座风格不同的古塔，值得一游。

木塔坐落在正定城内，又名天宁寺凌霄塔，也称木塔，始建于唐咸通元年（公元 860 年），宋、明、清均有修葺。塔身是砖木混合结构。塔分九级，高 60 米，是正定城内最高的古建筑。塔内有阶梯，可攀登到顶部眺望正定全境。塔顶、塔刹和塔的第九级于 1965 年邢台地震时倒塌，八级以下仍保存完整，其建筑结构与建筑艺术特点仍清晰可见。

青塔坐落在正定城内的东南角，又名临济寺澄灵塔，始建于唐咸通八年（公元 867 年）。此塔有一番来历：唐代义玄和尚在正定创建的佛教临济宗，成为中国佛教的重要教派之一，到宋代传入日本。公元 867 年义玄去世，翌年佛教徒在正定城内东南角选地建塔葬之，遂移临济寺建于此，寺早毁，青塔在金大定年间重修。现仍以此寺为临济宗发祥地，其信徒众多。青塔高30.7米，塔分九级，塔身为砖砌，呈八角形。日本佛教界的朋友近年来常到该塔朝拜。

华塔坐落在正定城内，又名广惠寺多宝塔。始建于唐贞元年间（公元785年—805年），金、明、清皆有修葺。现存的华塔为金代造，塔高40.5米，第一、二层为八角形，第三层为方形，第三层以上呈圆锥形，其上依八面八角的垂线

临济寺青塔

有浮雕状虎、豹、狮、象、龙及佛像等壁塑，参差排列。

砖塔坐落在正定城内西南街，又名开元寺须弥塔，始建于东魏兴和二年（公元540年），于唐乾宁五年（公元898年）重修，现仍保留唐塔的特征。砖塔呈方形，高48米，塔分九级，塔的初层四角各有石刻力士承托，力士肌肉丰满、栩栩如生。塔的下层正门上写着"须弥峭立"四字。砖塔东面有一座古钟楼，内有一口巨大铜钟，据说钟楼大钟响起时，方圆几十里都可听见。此塔和著名的西安大雁塔有相似之处。

苍岩山

苍岩山位于河北省井陉县境内，距石家庄约八十千米，是一座旅游名山，集幽、险、秀、奇于一体。此山崇山峻岭、古木参天，祠堂遍布、殿宇巍峨，桥楼殿、公主祠、万仙堂、藏经楼、峰回轩是其主要景点，这些殿宇建于断崖险壁之上，飞檐斗拱，雕梁画栋，隐现于白云之间，游览时使人有如临仙境之感。由于苍岩山雄伟险拔，磅礴秀美，所以有诗赞曰："五岳奇秀揽一山，太行群峰唯苍岩。"

赵州桥

赵州桥建于隋代，距今已有一千四百多年的历史，是世界上现存最古老、保存最完好的敞肩式石拱桥。赵州桥是由隋代著名工匠李春和多位石匠集体设计与建造的。这座敞肩式单孔弧形石拱桥全长 50.82 米，宽 10 米，由 28 条独立石券纵向并列砌筑，每拱用长、厚各 1 米、重 1 000 千克的石条 40 块组成。大拱两端双肩上各设两个小拱，既可减轻桥身重量，又可减少水流冲击力，加速泄洪。这种拱肩加拱的敞肩拱结构，在我国及世界桥梁史上都是一种创举。

白洋淀

白洋淀位于河北省中部安新县及雄县、任丘、高阳等县市边境。是海河平原上最大的湖泊，总面积为 366 平方千米。淀区内共有 36 个村庄，80 平方千米的芦苇，146 个淀泊。河淀相连、沟壕纵横，苇田星罗棋布，成为中国特有的一处自然水景风光。白洋淀中有自然形成的千亩荷花淀，这里的荷花有粉、白两种颜色，每年农历 5 月~8 月荷花盛开，一时间淀内香气四溢，沁人心脾，让人沉醉。

开元寺塔

开元寺塔位于保定南郊约六十千米的定县（现定州市）内，据《定州志》记载：宋初，开元寺僧慧能前往天竺取经，得舍利子，宋真宗敕命建塔以志纪念。该塔自宋真宗咸平四年（1001 年）开建，历时 55 年，是中国现存最高的古砖塔。此塔虽已有近千年的历史，但塔身却没有任何倾斜。在1884年大地震中,塔的东西南部塌毁。新中国成立后政府对其进行了多次维修,现仍保留着它的原貌。

莲池公园

莲池公园位于保定市区中心,是保定市内最主要的一座公园。该公园原是元朝时汝南王张柔的私家园林,初名雪香园,因满塘荷花,明代称之为莲花池。万历年间经扩建后,成为达官贵人闲游宴饮之地,清代则成为乾隆、嘉庆及慈禧的行宫,直至新中国成立后才成为人民公园。莲池公园占地二十四万余平方米,其中水面七千九百多平方米,一池碧水,荡于公园正中,池中荷花密布,绿茎高挺,池中央建有水心亭,其他建筑物和景点环池而设,主要景点有临漪亭、寒绿轩等。值得一提的是,在莲池的正北处有一条碑刻长廊,王羲之、颜真卿等许多大书法家都在此留下真迹,李白、苏东坡等许多唐宋的诗人词家的作品也被镌刻在碑上。

关于古莲花池的由来还有一个凄美动人的传说。古时保定叫保州。传说,有个姓魏的知州为了自己的奢华享受四处抓壮丁,为的是在城内建造安乐宫。他又派人强抢美女供他玩乐。保州城西有一对青年夫妻,丈夫叫庆宝,妻子叫素梅。庆宝先被抓到保州修安乐宫,从

风景优美的莲池公园

此再也没有回家,后来素梅又被抢到安乐宫沦为歌舞妓。一年中秋,知州在城中湖里划船赏月,庆宝恰巧为知州划船,素梅则在船上演出歌舞,两人在船上碰面,悲愤交加。他俩将知州痛打一顿,把他扔进湖中,然后俩人一起跳湖自尽。第二年湖中长满莲花,荷叶上则趴着许多小蛤蟆。人们传说莲花是庆宝、素梅变的,知州则变成了小蛤蟆。为了纪念庆宝和素梅,后人在这里修建了花园,称之为古莲花池。

响堂山石窟

响堂山石窟景区位于邯郸市境内,分三处。南响堂有七窟,北响堂有八窟,小响堂有二窟,总计造像约四千余尊。石窟始凿于北齐(公元550年—577年)年间,后历代有增建。南响堂有华严寺、般若洞、阿弥陀洞、释迦洞、空洞、千佛洞和力士洞等景点,有造像三千五百余尊。华严寺规模是南响堂石窟中最大的,高近五米,宽及深各6.3米,内有佛像1 228尊。千佛洞内亦有佛像1 028尊。北响堂石窟分南、北、中三组,均凿建于悬崖绝壁之上,有大业洞、二佛洞、大佛洞和刻经洞等景点。其中,大佛洞雄伟轩昂,巨尊大佛端坐于雕有花卉图案的佛龛之中。佛身高4米,造型匀称得体,雕刻刀法细腻圆滑。

避暑山庄

　　避暑山庄是中国现存最大的古代离宫，位于河北省承德市区北部，其东面和北面与承德外八庙相邻，占地564万平方米，分宫殿区和苑景区两大部分。宫殿区在山庄南端，澹泊敬诚殿为主要建筑，是节日举行大典的地方。湖泊区的许多景点是效仿江南名胜修建的，因此具有江南园林的特征。在平原区西北的山脚下，有收藏《四库全书》和《古今图书集成》的文津阁，是清代七大藏书楼之一。1961年它被定为中国第一批全国重点文物保护单位，现在已被联合国教科文组织列为世界文化遗产。

棒槌峰

　　棒槌峰位于避暑山庄东北约2.5千米的岭谷之上，这座挺拔的山峰高约59.42米，"棒槌"高38.29米，总重量约为16 205吨。它是在长期的风化作用下，岩石不断崩塌，因沙砾上下层岩性不一致，从而形成了上粗下细的石挺，犹如农妇洗衣时用来敲打衣服的棒槌，俗称"棒槌峰"。早在1 500年以前，北魏地理学家郦道元已把"石挺"（即今日棒槌峰）写入了《水经注》一书中。有人对棒槌峰何时会倒塌表示关心。据载，棒槌峰的形成已有300万年以上的历史了，如果及时采取防止风化的保护措施，在地壳没有大变动的情况下，它的倒塌时日还要以千万年来计算。

双塔山

　　双塔山位于承德市以西10千米的滦河之滨，是两座塔状的山峰。双峰原为一峰，因风化分裂而形成。石峰陡直，无法攀登。但令人称奇的是：南峰顶上竟建有一座高5.2米的辽代砖塔。相传，乾隆五十五年（1790年），乾隆曾命人构木为梯，亲自登顶观塔，见塔内有草鞋、旧书等物，北峰顶有韭菜二畦。后来乾

中国藏传佛教在我国蒙古族、藏族聚集区势力强大，是蒙古族、藏族群众的精神支柱

隆梦见一老者告知：草鞋乃是登云鞋，韭菜乃是灵芝，旧书乃是天书。之后，乾隆又多次命人搭梯登峰取宝，但木梯不是自倒，就是被风刮倒。乾隆曾赋诗赞道：东峙奇峰岩双塔，天成胜景自洪荒。

北戴河

　　蓝天白云、碧海金沙、青松翠柏、绿树红墙，这些美景勾勒出北戴河风景区风光旖旎的自然美景。浓厚的文化积淀、流传千古的故事、余韵无穷的篇章描绘了北戴河风景区博大精深的人文底蕴。北戴河风景区位于秦皇岛市西南部，是中国北方著名的避暑旅游胜地。北戴河地处温带季风区，由于海洋的调节作用，这里气候温和、干湿相宜，其四季特点是春日晴暖，夏无酷暑，秋高气爽，冬无严寒。北戴河风景区共有24景，主要分布在中海滩、莲蓬山、金山嘴和鹰角石等处。

地理图鉴
山西省

山西省省会为太原市,是著名的历史名城。该省宗教文化较发达,主要有佛教、道教、伊斯兰教、基督教四种宗教。佛教自东汉传入后,五台山便成为全国传播佛教的重点区域,北岳恒山是全国的道教名山,太原天龙山石窟是中国迄今发现的唯一一座道教石窟。

双塔寺

双塔寺在太原火车站东侧,坐落在林木葱郁的山坡上。双塔巍峨矗立,蓝天、白云相映,寺庙依山层叠,殿阁绿树簇拥,景色秀美怡人。双塔与名文宣塔是明代高僧佛登和尚于1608年奉旨修建的,是太原市的标志。两塔为砖石结构,琉璃飞檐,檐上有鸟兽花卉。明初,统治者吸取前代失大同而亡天下的教训,设立大同府,为九进重镇之一,有"大同士马甲天下"之称。

晋祠

晋祠位于太原市西南25千米的悬瓮山麓。它由近百座殿、堂、楼、阁、亭、台、桥、榭组成。这里山环水绕,古木参天,风景优美,是太原郊区最有名的古迹胜地,为国务院公布的全国重点文物保护单位之一。周柏、难老泉和侍女像被人们称为"晋祠三绝"。

乔家大院

乔家大院位于晋中地区祁县东观镇乔家堡村，距太原64千米。乔家大院占地8 724.8平方米，有院落19进，房屋313间。院落建筑构思精巧，平面为"双喜"字形。宅院古朴大方，为传统中式结构。宅院周围高墙围绕，达十几米，上有女墙垛口。房顶上有一百四十余个烟囱，形制各异、无一雷同。院内斗拱飞檐、木砖石雕，精美大方，典雅美观，是高水平的建筑艺术作品。这一院落始建于清代乾隆二十年（1755年），是我国清代民居建筑中的一颗明珠。

双林寺

双林寺原名中都寺，在平遥县城西南7千米处。它创建于北魏，距今已有一千四百多年历史。寺的四周各有两株大树，俗称"双林"，故自北宋起，中都寺改称"双林寺"。双林寺规模宏大，筑造在3米高的土台上，仿城堡式筑门构墙，南墙有山门，面积近1.5万平方米。双林寺的彩塑造像，富有强烈的生活气息，人物形态逼真，神采飞扬，是我国独具一格的艺术瑰宝，有"泥塑艺术宝库"之称。

平遥古城

平遥古城即今天的平遥县城，是中国历史文化名城之一，位于太原市西南约九十千米处。城内街市纵横有序。明清民居、寺庙、殿宇遍布城内。据统计，至清末时，总部设在平遥的票号有12家，其中最著名的是"日升昌票号"。所谓"票号"就是专营银两汇兑、存放款业务的清代金融机构。所以，晋商文化已成为全城的文化特色。

普救寺

　　普救寺地处山西省南端永济县城西北12千米的西厢村，它西临滔滔黄河，南近巍巍中条山，该寺坐北朝南，视野开阔。

　　舍利塔是普救寺内一处别具特色的景观，塔的奇特在于它的多种声学效应，在塔内外不同位置可以听到塔内传出的蛙声、锣鼓声、狐狸叫声等声音。该塔与北京天坛回音壁、河南宝轮寺塔、四川潼南大佛的石琴，并称为我国现存四大回音建筑，也是世界著名的奇塔之一。

永乐宫

　　永乐宫又叫纯阳宫，在山西省芮城县永乐镇，传说这里是唐代吕洞宾的故居。宫内有龙虎殿、纯阳殿、三清殿和重阳殿等建筑，这些殿宇斗拱交错，飞檐凌空。殿顶有金碧辉煌的藻井，屋脊部分装饰着五颜六色的玻璃雕刻。殿中丰富多彩的壁画体现了元代精湛的绘画技能。三清殿又叫无极殿，是永乐宫的主体建筑。殿内供奉太清、玉清、上清的神像。四壁及神龛内布满了彩色壁画，表现的内容是诸神朝拜道教始祖元始天尊的图像。

五台山

　　五台山位于山西省五台县东北部，以台怀镇为中心，周围五峰高耸，峰顶平坦宽阔，如垒土之台。东台望海峰、南台锦绣峰、西台挂月峰、北台叶斗峰、中台翠岩峰，五峰之内称台内，五峰之外称台外。台内外峰峦连绵不断，群山环抱，寺庙林立，清流潺潺，林深树茂，花草满山。盛夏之时，更是山水生辉。五台山是我国唯一一处汉地佛教、藏传佛教并存的佛教道场，是汉、藏、蒙古、满等民族佛教徒共同朝拜的圣地。

壶口瀑布

　　壶口瀑布在吉县县城西南25千米的黄河之中。壶口是黄河众多峡谷中最险要的一段，全长60千米。壶口两岸山峦绵延，河水在几百米宽的峡谷中奔流，到壶口突然收缩到三十多米，形成了一股湍急飞流，陡然注入直径50米的圆形天然石壶，然后飞泻而下，声若雷鸣，犹如巨大的茶壶向外倒水，呈现出"源出昆仑衍大流，玉关九转一壶收"的奇景。

恒山

恒山自明代起就被人们尊为北岳，位于山西省北部浑源县境内，海拔两千余米，呈东北—西南走向，绵延150千米。天峰山和翠屏山为恒山的主峰，分别位于其东西两侧，两峰相峙，苍劲陡立，浑河之水从中流过，形成了险要的地势。北魏初期，恒山为佛教圣地。到了唐代，佛教衰微，道家兴盛，恒山又成为道家仙境，号称"第五洞天"。如今，山中遍布各式文物古迹，是一处可供游览、度假、疗养的胜地。

悬空寺

悬空寺位于恒山脚下，在浑源县城南5千米的恒山主峰天峰岭与翠屏峰之间的金龙峡内的西岩峭壁上。悬空寺建筑以惊险闻名，自古以来这里一直被列为北岳恒山的第一奇观。

悬空寺创建于北魏后期（约公元471年—523年），距今已有一千四百多年的历史。悬空寺建在翠屏峰东侧，绝壁的半山腰，上载危崖，下临深谷，似悬挂半空，惊险万状，是中国罕见的高空古建筑。民谚有"悬空寺，半天高，三根马尾空中吊"的说法。

悬空寺内共有各种铜铸、铁铸、石雕、泥塑像80尊。

三教殿内有释迦、天女等塑像，是悬空寺内彩塑中的佼佼者。更为特殊的是地处悬空寺最高层的三教殿内，释迦牟尼、老子、孔子的塑像共居一室。佛教、道教、儒教始祖同居

一室,这的确是不多见的。

华严寺

华严寺位于大同市内,是我国现存规模较大、保存较完整的辽金寺院建筑群,也是全国重点文物保护单位。华严寺分上下两寺以及两个相互毗邻的建筑群。上寺以大雄宝殿为中心,坐西面东,体现了契丹族的习俗。内塑杨家将群像的城楼和李牧祠,在抗日战争时被焚毁。

九龙壁

九龙壁位于大同城内东街路南,面对街头闹市。九龙壁建于明洪武二十五年(1392年),是明朝开国皇帝朱元璋第十三子代王朱桂府前的琉璃照壁。九龙壁长45.5米、高8米、厚2.02米,是中国现存最大的一座九龙壁。壁身两侧的日月图案由426块五彩琉璃构件拼砌而成,正中一条龙为龙壁中心,龙与龙之间以水草、山石图案相隔,两侧为日月图案。九龙壁顶部为斗拱和琉璃瓦顶,底部为须弥座,上雕有二龙戏珠的图案。

应县木塔

应县木塔位于大同以南约七十千米处,建在应县城内的佛宫寺中,原名佛宫寺释迦塔,俗称应县木塔。应县木塔建于辽清宁二年(1056年),它建在4米高的两层石砌台基上,全部用木材建成。木塔外观是5层,但是塔内夹有4级暗层,因此实为9层。塔内各层,使用了中国传统的斜撑、短柱等建筑方法,使整个塔连成一个整体。木塔自建造至今已有九百多年历史,它长期经受风雨侵蚀,历经8次大地震,仍旧巍然屹立。应县木塔是中国建筑史上的一大奇迹,在世界建筑史上也是绝无仅有的。

娘子关

娘子关古称苇泽关,雄踞晋、冀两省的交界处,是出入山西的咽喉和出入三晋的东大门,为历代兵家必争之地,素有"天险"之称。

相传唐太宗李世民的妹妹——平阳公主曾率兵驻防于此，娘子关由此得名。娘子关的关城，南接绵山，高耸入云，嵯峨逶迤；北临桃河，水流湍急，峭壁如削；两翼长城顺山蜿蜒，是晋、冀间的天然屏障，有"一夫当关，万夫莫开"之势。"雄关百二谁为最，要路三千此并名"，充分反映了关城的险峻和重要性。

云冈石窟

云冈石窟位于大同市西16千米的武周山。石窟依山开凿，东西绵延1千米，现存洞窟45个，石雕造像五万一千多个，是中国三大石窟之一。云冈石窟开凿于北魏年间，后又经多次修缮，形成了气势宏伟、内容丰富的中国规模最大的石窟群。云冈石窟的雕刻艺术传统，吸收了外来的艺术风格，以其特有的艺术价值和历史价值成为中国石窟的艺术之魂。2001年12月，云冈石窟被联合国教科文组织世界遗产委员会列入《世界遗产名录》。

五老峰

五老峰史称东华山，位于山西省永济市东南的中条山上，历史上为北方道教名山，奇峰险峻，须攀缘而上，地属丹霞地貌。这里层层峰峦，森林古木，各种生物覆盖着整个山野。故有"北有五台观存宇，南在五老看风光"之说。游人往城西南远眺，可看到东锦屏峰、西锦屏峰、太乙峰、棋盘山峰这四座山峰的仙态神姿隐现于云烟苍茫之中，并将高1 809.3米的玉柱峰环抱其中，犹如五位老人抱拳作揖迎贵宾之势，故名五老峰。松涛、云海、奇石、怪崖、松翠、流泉、飞瀑等景观，使到此的游人感觉身在神奇的图画之中。

地理图鉴
内蒙古自治区

内蒙古自治区首府为呼和浩特市，这里属于温带半干旱气候，土地资源丰富、牧草生长良好，是中国最主要的畜牧业基地，草原上还盛产中草药，矿产资源也十分丰富。

五当召

位于包头市东北 70 千米的敖包山南麓的五当召，是内蒙古现存规模最大、保存最完整的寺庙。它与西藏的布达拉宫、青海的塔尔寺齐名，为我国藏传佛教三大名寺，也是内蒙古藏传佛教的最高学府。五当召规模庞大、气势恢宏，占地 20 万平方米，有屋宇 2 538 间，重楼叠阁，蔚为壮观。殿宇白墙朱门，富丽堂皇，各殿自有特色。殿内佛像众多，壁画绚丽多彩，唐卡、绸幡、飘带琳琅满目，有高达十多米的释迦牟尼铜像，高 9 米的黄教创始人宗喀巴铜像，还有面目狰狞的护法金刚像，等等。

成吉思汗陵

成吉思汗陵园位于内蒙古伊金霍洛旗，占地面积约 5.5 万平方米，三座蒙古包式的宏伟殿堂组成了陵寝的主体。陵墓分为东、正、西、后四个殿，四殿相互连接。房檐都用金黄色、蓝色琉璃瓦镶嵌砌筑，殿顶呈圆形，显得格外辉煌壮观。正殿高达 26.6 米，东西殿高 23.3 米。一幅巨大的成吉思汗画像悬挂在正殿之内，两边竖立着黄杆、红缨、银戈和成吉思汗生前使用的"苏鲁锭"（在蒙语中"苏鲁锭"是长矛之意）。殿内四壁雕饰着各式图案，包括山、水、草、畜等等。

红山国家森林公园

红山国家森林公园分为红山区、北山区、东山区和西山区四部分，生有黑松、云杉、落叶松等，形成了内蒙草原上难得的森林风光。此外，公园中还有各种药材植物和野生动物。园内还有众多的人文景观，遗留了众多的人文古迹，如远古太阳神像、战国燕长城遗址、辽金文化遗存及木兰碑等。这里出土的古代碧玉龙被称为"天下第一龙"，享誉中外。

呼伦贝尔大草原

呼伦贝尔大草原是内蒙古最大的草原，也是世界闻名的天然牧场。它长700千米、宽630千米，总面积约四十二万平方千米。相传，蒙古族最早发祥于呼伦贝尔大草原。呼伦贝尔大草原以其丰美的牧草、肥沃的土地和清澈的甘泉养育了一代代的蒙古人民，一代天骄成吉思汗正是在此成就了建立蒙古大帝国的伟业。

嘎仙洞

嘎仙洞位于鄂伦春自治旗阿里河镇西北10千米处，洞深92米，东西宽20米，穹顶高达二十余米。洞内如一座大厅，可容纳上千人。洞内石壁上有北魏皇帝拓跋焘派人祭祖时刻下的祝文，全文共201字。嘎仙洞是呼伦贝尔唯一的国家级重点文物保护单位。

巴丹吉林沙漠

巴丹吉林沙漠位于内蒙古自治区阿拉善右旗西部和额济纳旗东部一带，面积为4.43万平方千米，是中国第三大、世界第四大的沙漠。奇峰、鸣沙、湖泊、神泉、寺庙是巴丹吉林的"五绝"。沙丘在风力的作用下，呈现出沧海巨浪、巍巍古塔等各种奇观。沙漠东部和西南边缘是一望无际的茫茫戈壁。有形状怪异的风化石林、风蚀蘑菇石、蜂窝石、风蚀石柱、大峡谷等。鬼斧神工的地貌让人不由得感叹大自然的神奇造化，但是敢于到此体验如此壮丽景观的人却不是很多。

中国国家地理图鉴
HONGGUO GUOJIA DILI TUJIAN

华东地区

地理图鉴
上海市

上海属于热带海洋性季风气候,年均温度 15.7℃,雨量充沛。主要流经河流有黄浦江、苏州河和长江。地理位置优越。上海是中国最大的港口,也是最繁华的大都市之一。

上海大世界

上海大世界位于市中心的西藏路上,初建于 1917 年,是上海最早出现的大型综合性游乐场。大世界修建以前,旧上海已有一家"新世界",每天游客甚多,可以说是上海最早的游乐场。现在上海大世界的娱乐项目很多,内设电影院、台球室、杂技场、舞厅、溜冰场、哈哈镜室等。

豫园

豫园是上海著名的古典园林,位于南市区,面积有 20 000 平方米,有亭、台、楼、假山、阁、池塘等三十余处。豫园具有以小见大的建筑风格,还有一些工艺精细、栩栩如生的砖刻、木雕,都具有明、清两代南方建筑的艺术风格。豫园内有一面围墙,由五条巨龙装饰而成,这五条巨龙一是伏虎,二是穿龙,三四是双龙戏珠,五是睡龙,因此被称为龙墙。这五条巨龙蕴含了豫园的精灵

秀气，更增添了豫园的韵致。

外滩

外滩位于上海市区，现在泛指黄浦江的中山东二路、中山东一路地区及其附近地段。20世纪初，许多中外知名的银行曾集中于此，外滩因此成为上海的金融中心，被称为"东方华尔街"。当时的各银行或财团为了显示自己雄厚的财力，投下巨资营建豪华的大厦。因而，外滩集中了上海近现代各国风格的优秀建筑，所以又被称为"万国建筑博览"。

古镇朱家角

上海市区高楼林立，繁华喧闹，青浦区的朱家角镇却是十分静谧，清雅悠然，这里的生活节奏十分舒缓。朱家角镇的老街街道狭窄，街两边的楼上人家可以伸手相互递物，两边的房屋都是青瓦红门。放生桥位于朱家角镇东部，跨于漕港上，是上海地区最大的一座石拱桥，全长70.8米、宽5.8米，5孔联拱。旧时此桥被称为"井带长虹"。

双龙戏珠

南浦大桥架于黄浦江上，1991年建成通车，全长8 346米，中孔跨度423米，一跨过江。桥面宽30.35米，为6车道，两侧有2米宽的人行道。人行道两侧各有22对、共180根钢索拉紧主桥面，好像一架巨大的竖琴放在桥上，宏伟壮观。江面船舶如梭，桥上车水马龙，两岸高楼林立，呈现出一幅绚丽繁华、生机盎然的图景。

杨浦大桥架于浦东新区歇浦路与杨浦区宁国南路之间，1993年10月建成通车。大桥全长7 658米，中孔跨度602米，一跨过江，桥面和南浦大桥相似。桥塔两侧各有32对、共265根彩色拉索，将全部钢桥凌空悬起，为世界十大斜拉桥之一。扇形索面似巨琴琴弦，演奏着大上海的腾飞交响曲。两桥和东方明珠塔构成了上海"双龙戏珠"的壮观景象。

地理图鉴
山东省

山东省是历史上春秋时期的齐、鲁之地，素有"齐鲁之邦，礼仪之乡"的美誉，其省会济南市更是我国著名的文化名城。

趵突泉

趵突泉位于素有"泉城"之称的济南市中心。济南有"家家泉水，户户垂杨"的美誉，城内有72名泉，大致分趵突泉、黑虎泉、珍珠泉、五龙潭四大泉群，其中以趵突泉最为著名，有"济南第一泉"之誉，为泺水的源头。趵突泉水质洁净，清冽甘甜。在郦道元的《水经注》中曾用"泉源上奋，水涌若轮"来形容该处泉水。

大明湖

大明湖位于济南市中心偏北处，是由珍珠泉、芙蓉泉、王府池等城内清泉汇集而成的天然湖泊，湖水面积46.5万平方米，湖水澄清如镜，湖中荷花飘香，湖岸绿柳摇曳，楼、台、亭、阁点缀其间。

小沧浪亭临湖而立，三面荷花，环境清幽别致。遐园在大明湖南岸，为园中之园，园内假山巧布，回廊亭阁，竹翠花艳，廊壁还嵌有由岳飞书写的诸葛亮的《前出师表》《后出师表》等多方石刻。

灵岩寺

灵岩寺位于济南市南面的长清区，为中国四大名刹之一（另外三

大名刹为浙江天台国清寺、湖北当阳州玉泉寺及江苏南京栖霞寺)。相传前秦永兴年间,郎公和尚来此说法,"猛兽归伏,乱石点头",故将此地称为"灵岩"。灵岩寺在唐宋时期兴盛至极,曾有僧侣五百多人,殿阁四十余处,禅房五百多间。千佛殿为该寺主体建筑,殿内正中有巨佛3尊,四周为40尊木雕小佛,做工精细,口目传神,被誉为"海内第一名塑"。

泰山

泰山位于山东省中部,济南、泰安、长清都在泰山山脉的范围之内。泰山主峰玉皇顶在泰安市北面,海拔1 532米。泰山为我国"五岳"之首,因地处东部,故称"东岳"。杜甫在其诗《望岳》中写道:"会当凌绝顶,一览众山小。"由此可见,泰山山势之磅礴雄伟,峰峦之挺拔突兀,景色之壮丽秀美。山上名胜古迹众多,为我国名山之首。"旭日东升""晚霞夕照""黄河金带""云海玉盘"是泰山四大奇观。古代帝王登基之初或太平之岁,多来泰山举行封禅大典,祭告天地。

千佛山

千佛山在济南市南,古称舜耕山、禹登山,隋代依山势凿刻了许多佛像,故称千佛山。唐代在此创建兴国寺。兴国寺依山而建,大门上刻有"暮鼓晨钟惊醒世间名利客,经声佛号唤回苦海梦迷人"一联,颇令人回味。著名的千佛崖在西院南侧,现存隋代摩崖造像六十余尊,崖下有极乐、黔娄、龙泉三洞,洞内有许多佛像。极乐洞内以观音菩萨、阿弥陀佛、大势至3尊佛像最为传神;山东侧佛慧山的大佛头像更是一绝。

栈桥与小青岛

如今的栈桥可说是青岛的象征性建筑。栈桥最早是一座木桥,始

89

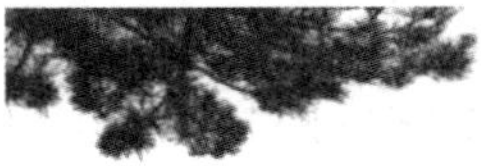

建于清光绪十八年（1892年），后改建为钢骨水泥结构。桥长440米、宽8米，一端连着陆地，一端伸进海面。桥的南端建有三角形防波堤，用来减弱风浪的冲击。堤内建有一座古色古香的回澜阁。阁为二层八角，风格典雅，绿脊红瓦，黄柱红墙。登阁远眺，景色迷人，有"栈桥夜色"之誉。

小青岛又名"琴岛"。在栈桥东南海面约一千米处，与栈桥隔海相望，中间有长堤将其与陆地连接起来，面积仅为12平方千米。由于岛上林木常青，山岩耸立，因此得名"小青岛"。岛上耸立着一座高15.5米的灯塔，是轮船航行的标志。每当夜幕降临时灯光便忽明忽灭，别有一番景致。此景即"青岛十景"中的"琴屿飘灯"。

汇泉湾景区

青岛现有6个海水浴场，其中规模最大的是汇泉湾浴场。它坐落在汇泉湾内，又叫汇泉海水浴场。这里沙滩细软，岸坡缓坦。沙滩东西长约五百多米，南北宽二十多米。从海岸到防鲨鱼网，约有三百多米宽的水域可以游泳。夏季，浴场内每天可容纳近二十五万人入浴，人们可在这里卧沙小憩，弄潮戏水，真可谓乐趣无穷。

崂山

崂山古称牢山。它位于青岛市东北崂山区境内，黄海之滨。崂山以其独特的山海奇观闻名于世。山势东陡西平，主峰名为巨峰，又称崂顶，海拔1 133米。山中险峰怪石，峭岩幽径，云气岚光，变幻无穷，自古有"神仙之宅、灵异之府"的美誉。《齐记》云："泰山虽云高，不如东海崂。"崂山是我国道教名山之一，鼎盛时期有九宫八观七十二庵，道士逾千人，至今保存完好的道观有十多处，最著名的是太清宫、太平宫、华楼宫等。

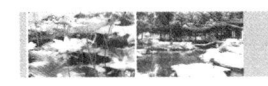

地理图鉴
江苏省

江苏是历史上的吴地和越地，它孕育了辉煌灿烂的吴越文化。尤其是该省省会南京市更是著名的"六朝古都"，那里曾上演过多少盛衰兴亡……

灵谷寺

灵谷寺位于南京市东郊，中山陵以东。始建于明初，当时规模宏大，如今仅存灵谷寺龙王殿的一部分。寺内的无梁殿，无一根木梁，全部为砖砌，殿后为松风阁，阁西南为宝公塔，塔的正面有"三绝碑"，现存石碑为清乾隆时期法守和尚重刻。风松阁后面是灵谷塔，塔高 66 米，为九层八角钢骨水泥塔身，气势雄伟。

玄武湖

玄武湖位于南京市东北玄武门外。它三面环水，一面临城，湖内有五个岛，把湖面分成四大片，各岛之间以桥或堤相连。湖水深两米左右，夏、秋两季，红花碧叶，满湖清香，美景醉人。湖中五岛也称五洲，象征世界五大洲，所以此地又叫五洲公园。

玄武湖形似火腿，水产资源十分丰富，被称为南京的"活鱼库"

南京长江大桥

南京长江大桥位于南京市下关和浦口之间。南京长江大桥是中国 20 世纪 90 年代前最长的一座铁路、公路两用的双层桥。其下层为铁路桥，桥长 1 577 米（即江面宽度），如果包括南北两岸的引桥，全长可达 6 772 米。桥上铺双轨，两列火车可以同时对开；上层是公路

桥，全长 4 589 米（包括引桥），宽为 95 米，可以并列行驶 4 辆卡车。正桥有 9 个桥墩，扎根在底岩盘上。桥墩之间的跨度为 160 米。大桥的两头有 4 座七十多米高的桥头堡，两岸公路引桥由富有民族特色的 22 个双曲拱桥组成。

苏州园林

苏州园林最早源于春秋时吴王的园囿，三国时期的孙权也曾于此兴建园林。江南最早的私家园林是号称"吴中第一"的东晋辟疆园。南宋时期，江南贵族大力兴建私家园林，这些园林一般建于苏州、杭州、扬州、湖州一带，但以苏州的园林最多。苏州园林到了明清时达到鼎盛，现存的苏州园林大部分是这一时期的遗迹。

拙政园位于苏州娄门内，是苏州四大名园之一，全园分为东、中、西三部分，中部为园的主景。该园以水为中心，所有建筑几乎全部临水。楼阁轩榭环池而筑，其间连以漏窗、回廊，园内的山石、古木、绿竹、花卉组成了一幅幽远宁静的画面，代表了明代园林的建筑风格。

盘门

盘门在苏州城西南隅，古运河之畔，原城为春秋时吴国伍子胥所建，现城建于元代，水、陆两门并峙，在全国绝无仅有。瑞光塔建于北宋，高 44.42 米，为七级八面楼阁式砖塔，造型优美，巍峨挺拔，

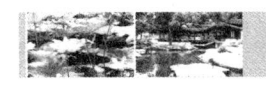

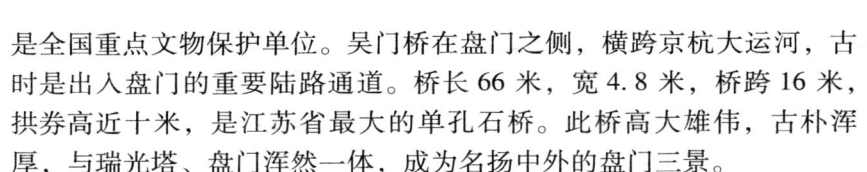

是全国重点文物保护单位。吴门桥在盘门之侧，横跨京杭大运河，古时是出入盘门的重要陆路通道。桥长66米，宽4.8米，桥跨16米，拱券高近十米，是江苏省最大的单孔石桥。此桥高大雄伟，古朴浑厚，与瑞光塔、盘门浑然一体，成为名扬中外的盘门三景。

寒山寺

寒山寺坐落在苏州城西的枫桥镇。唐朝诗人张继路过寒山寺时，留下了流传千古的《枫桥夜泊》："月落乌啼霜满天，江枫渔火对愁眠。姑苏城外寒山寺，夜半钟声到客船。"大雄宝殿内有36首关于寒山寺的诗碑镶嵌在两侧的壁上，另外还有十六罗汉像悬挂在两侧。两层的八角钟楼楼下的石碑为重修寒山寺时所立，正面碑文由清末江苏巡抚程德全撰写，重修寒山寺时募捐者的名字和所捐金额则刻在碑的背面。传说张继诗中的钟原来就悬于钟楼楼上。

虎丘山

虎丘山位于苏州城西北阊门外，自古有"吴中第一名胜"之誉。虎丘历史悠久，景色幽奇，风景如画，有林泉之致、丘壑之韵，古迹随处可见，风光四季怡人。虎丘塔又名云岩寺塔，高48米，为砖砌，未用寸木，斜而不倒，不仅是古代建筑中的珍品，更是苏州古城的象征。山上有巨石，气势雄伟，石壁下为剑池，石壁刻有"虎丘剑池"四字，剑池呈长方形，两岸峭壁如削，上跨飞桥，险峻奇丽，为虎丘景色之最。

周庄

周庄是位于江苏省昆山市的一个具有九百多年历史的水乡古镇，地处上海、苏州之间的江南水乡腹地，著名大画家吴冠中曾撰文说："黄山集中国山川之美，周庄集中国水乡之美。"这里环境幽雅，建筑古朴，虽历经数百年的沧桑变幻，仍完整地保存着原来水乡集镇的建筑风貌。全镇一半以上的民居仍然为明清时代的建筑，并保存了14座各具特色的古桥，它们共同构造了一幅美妙的"小桥、流水、人家"的水乡风景画。

地理图鉴
浙江省

浙江人杰地灵，其省会杭州市更有着"天堂"之名，历代都有从这里走出的文人名士。美丽的西施，痴情的白娘子，多少传说都成为千古绝唱……

西湖

西湖位于浙江省杭州市，原来只是一个和杭州湾相通的浅海湾而已。环抱这个浅湾的两个岬角是南面的吴山和北面的宝石山，后因泥沙把出口通路淤塞，进而形成内湖。湖中白、苏二堤将湖面分成外西湖、里西湖、岳湖、后西湖、小南湖五个部分；湖中还有三岛，即小瀛洲、湖心亭、阮公墩。西湖十景源于南宋画院画师的山水小品题名，西湖十景分别为平湖秋月、苏堤春晓、花港观鱼、双峰插云、柳浪闻莺、雷峰夕照、三潭印月、曲院风荷、南屏晚钟、断桥残雪。

灵隐寺·飞来峰

灵隐寺在西湖西北面的飞来峰与北高峰之间的灵隐山麓中，是我国佛教禅宗十刹之一。寺内主要建筑分别在东、西两条轴线上，东轴线上有斋堂、联灯阁和大悲阁；西轴线上有天王殿和大雄宝殿，为寺内主体建筑，寺后是方丈室。寺内的石塔和石经幢，有很高的历史价值。

灵隐寺对面的飞来峰，又名灵鹫峰，高168米，古树参天，泉水淙淙，怪石嶙峋，洞多峰奇，风景幽绝。灵隐寺、飞来峰与周围的翠微亭、冷泉亭、壑雷亭、南北高峰等形成了杭州西北山中一方游览胜地。金光岩壁上西方三圣是飞来峰最古老的造像，临溪岩壁上弥勒佛像是此地最大的造像。

沈园

沈园位于绍兴市内东南角。园内建有亭台楼阁、假山池塘，环境优美。沈园之所以闻名，除环境优美这一因素外，亦因它和我国宋代大诗人陆游有关。陆游被其母所逼，与深爱的妻子唐琬分手。10年后的一天，陆游偶与唐琬在沈园相逢，他便在沈园墙壁上题写《钗头凤》一词。现园中已开辟陆游纪念馆，另有一堵用园中发掘出来的宋代砖块堆砌的"沈园遗物壁"，壁旁立了一座刻碑，上面刻有陆游的《钗头凤》词和《沈园》诗一首。

东湖

东湖位于绍兴市东约五千米处，原是一座青石山，从汉代开始人们在此开山采石，日久凿成湖泊。湖上有9座石桥将湖分成三片，有陶公、仙桃两洞，皆可通舟。山水相映，湖亭相缀，宛如一座巧夺天工的大型山水盆景。仙桃洞如一石屋，中间石墙将洞一分为二，墙上有桃形的孔，石壁上刻有"洞五百尺不见底，桃三千年一开花"的对联。东湖自古以来就有山青水碧、岩奇洞幽、湖洞相通、亭桥相融的特色，与杭州西湖、嘉兴南湖并称江浙三大名湖。

富春江

富春江位于浙江省中部，地处钱塘江中下游。其中的鹳山、春江第一楼等也都闻名于世。两岸的崇山峻岭相互环抱，岩石奇峭，被誉为"奇山异水，天下独绝"。

普陀山

　　普陀山是著名的佛教圣地，它位于浙江省舟山市境内，是东海中的一个岛屿，有"海天佛国"的别称。普陀山兴建了大量寺院，是供奉佛教观音菩萨的重要道场。普陀山属亚热带海洋性气候，气候宜人，是我国著名的旅游、避暑胜地。南天门位于普陀山南山上。南天门孤悬入海，与本岛一水相隔，上面架有石桥，桥身似龙，故名环龙桥。

天台山

　　天台山在浙江天台县城北部，其主峰是华顶山，海拔1 098米，面积约为一百零五平方千米。天台山风景区包括国清、高明、赤城、华顶、石梁、清溪、万年寿、寒岩、桃源等多个景区。天台山中山水神秀，多奇岩异洞、飞瀑流泉，峰峦叠翠，有众多的宗教庙宇和文物古迹。

雁荡山

　　雁荡山位于中国浙江省东南部。因昔日岗顶有湖，芦苇丛生，结草成荡，秋雁在此栖宿，故称雁荡山。雁荡山是洞宫山的支脉，其地势呈西南—东北走向。分为南雁荡和北雁荡两组山脉。山上多奇峰、怪石，以山水奇秀闻名于世，号称东南第一山。从唐宋起闻名于世，寺庙亭院相继兴建。灵峰、灵岩、大龙湫被称为雁荡风景三绝。

河姆渡文化

　　河姆渡文化是中国长江下游地区的新石器文化，因1973年在浙江余姚发现河姆渡遗址而得名。河姆渡文化分布在杭州湾南岸的宁绍平原，并越海东达舟山岛；分早晚两个发展阶段，年代约为公元前5000年—前3500年。该文化成就突出，它的发现首次证明长江流域同黄河流域一样存在灿烂古老的新石器文化。河姆渡遗址中出土的籼稻遗存，是世界上较早人工栽培水稻的证明。原始手工业发达，遗址中发现的一个木碗，外面涂着红漆，是中国已知最早的漆器。

华东地区

地理图鉴
安徽省

安徽景色奇丽，其省会合肥市更是皖中古城，这里有以"四绝"名扬天下的黄山，有因名刹众多而闻名的四大佛教名山之一的九华山，它们吸引着四方的游客。

教弩台

教弩台位于合肥市东门城内逍遥公园旁，又称点将台，为东汉末年曹操所筑。教弩台上有一口井，由于井口比街道平房屋脊还高，所以被称为"屋上井"。井中有水，其水位又比当地水位高出许多，人们至今仍不能弄清楚此水究竟来自何处。圆形的井台为青石凿制而成，拙朴古老，上面镌刻"晋泰始四年殿中司马夏侯胜造"的字样，此井台已有一千七百多年的历史了。井口内侧还有23条光滑的深沟，其石质光亮如玉，绽放出水泽般的华光，十分耀眼。

巢湖

巢湖是中国五大淡水湖之一，位于安徽省中部，又称焦湖。湖面海拔8.37米，东西长54.5千米，南北宽约二十一千米，面积769.5平方千米，是一个地层陷落形成的构造湖。巢湖汇集诸河来水，又与长江沟通，鱼饵充足，水温适度，水产丰富，其中银鱼、白米虾和湖蟹素享盛名。湖区坦荡，水网密布，土地肥沃，是安徽省重要的粮、棉、油、麻的生产基地。湖区名胜古迹众多，已辟为安徽省重点旅游区。

天柱山

天柱山植被繁茂，物产丰富，风景多而奇、雄而秀，素以奇峰怪石、飞瀑流泉、峡谷幽洞、险关古寨、雾潮云海闻名天下。这里有全国重点文物保护单位"薛家岗文化遗址"，可以从中领略距今五千多年的新石器时代文明，还可以在焦仲卿与刘兰芝合葬的孔雀坟前，体会他们那不屈的反抗精神。

天仙河

天仙河位于岳西县东南部，被誉为"安徽第一漂""大别山中小漓江"。这里有石人湾、小三峡、袁家渡、小洞天等景区，可以冲激流，过险滩，听黄梅小调和粗犷山歌，食山野小菜和竹筒蒸饭，看鱼虾戏水；可以从中体会当地淳朴的民风民俗，仿佛置身于无尽的诗情画意之中，其乐无穷。

九华山

九华山为中国佛教四大名山之一。位于安徽省青阳县西南部，中心九华街距青阳县城30千米。因李白游秋浦时遥望此山写下"妙有分二气，灵山开九华"的名句而得名。共有大小99座山峰，主峰十王峰海拔1 342米。山体由花岗岩组成，风光旖旎，文物众多，有东南第一山之美誉。名刹祇园寺为九华山佛教协会会址，较著名的寺庙还有化城寺、百岁宫、天台正顶等。

华东地区

地理图鉴
江西省

江西省省会为南昌市，该市有着众多的名胜古迹，其中尤以位列"三大名楼"的滕王阁最为著名，王勃以一句"落霞与孤鹜齐飞，秋水共长天一色"而使得滕王阁占尽风流。

滕王阁

滕王阁位于南昌市沿江北路，濒临赣江，建筑规模宏大，造型典雅壮美，丹柱碧瓦，画栋飞檐，如一只展翅欲飞的鲲鹏，恢宏之势令人赞叹，是江南三大名楼之一。唐永徽四年（公元653年），滕王元婴为洪州都督时所建，阁以滕王封号来命名。王勃为此楼所作千古名篇《滕王阁序》，滕王阁也因此序名垂千古。

庐山

庐山风景名胜区在江西九江市南部，东南靠着鄱阳湖，北临长江。景区面积为302平方千米。山上峰峦雄峻、翠谷幽深、变幻无常，故被誉为"难识庐山真面目"。其瀑布与雁荡龙湫、黄山石笋齐名，被称为"天下三奇"。其美丽的自然景色为它赢得了"匡庐奇秀甲天下"之誉。东林寺是晋代南方的佛教中心，而白鹿洞则是宋代一个著名的书院，其中有四千多篇历代名人题咏的诗文。位于庐山东南部的汉阳峰是庐山主峰，海拔1 474米，终年云雾缭绕。花径位于庐山牯岭西谷。花径的迎面有一座石门，两边分别刻着"花开山寺""咏留诗人"的石联。白居易曾挥笔写下诗句"人间

99

四月芳菲尽，山寺桃花始盛开。长恨春归无觅处，不知转入此中来。"

三叠泉

三叠泉又称三级泉，水自大月山流下，由五老峰飞流而下，两级飞泻于大盘石上，折而复聚，汇为第三叠，注入九叠谷。三叠落差155米，如晶莹夺目的珠帘悬挂长空，上叠如飘雪拖练，中叠如碎玉摧冰，下叠如银龙跃潭，为庐山第一奇观，故有"未到三叠泉，不算庐山客"之说。庐山还有黄龙潭、乌龙、黄岩等瀑布。"日照香炉生紫烟，遥看瀑布挂前川。飞流直下三千尺，疑是银河落九天"便是诗人李白对三叠泉壮观景象的描写。

如琴湖

如琴湖在牯岭街西，因湖形如琴而得名，湖水清澈如玉，似天上瑶池。湖区有小岛、曲桥、仙岩山庄、飞来石及著名的花径。花径正门石梁上的"花径"二字，相传为白居易手书，这里繁花似锦，浓香扑鼻，为诗人白居易吟咏桃花之处，诗文点明了庐山的气候特征。

鄱阳湖

鄱阳湖是中国最大的淡水湖，位于江西省北部，长江南岸。古称彭蠡、彭泽。湖水面积为2 933平方千米，最深达25.1米，蓄水量达295亿立方米。鄱阳湖水域开阔，水温适度，丰富的水草，繁多的浮游生物，为鱼类提供了天然的饵料。鱼类资源极为丰富，盛产鲤、鳙、鲢、鲫等鱼类。水生植物中的莲、藕、菱、芡也远近闻名。湖区周围水网密布，土壤肥沃，是江西省粮食、棉花、油料的重要生产基地。

景德镇

景德镇向来有着"瓷都"之称,镇名源于北宋景德年间。景德镇在宋代时所烧制的瓷器由半透明釉发展到半透明胎,其青白瓷已优于龙泉窑等名窑产品,到明朝成化年间,景德镇瓷器进入繁荣时期。明清两代的御用瓷器大多在景德镇烧制。在历代名瓷中景德镇瓷器成就最大,影响最深,代表中国瓷器的最高水平。景德镇瓷器瓷质优良,制作精巧,装饰多样,品种达三千多种,其中以白瓷最为著名,素有"白如玉,明如镜,薄如纸,声如磬"之称。青花、彩瓷、薄胎、雕镶、仿古瓷和各种颜色的釉瓷均比较名贵。

三清山

三清山位于江西东北部玉山和德兴两县市交界处。因怀玉山脉有玉京、玉华、玉虚三峰,巍峨雄奇,状若道教始祖玉清、上清、太清踞坐其巅,故名三清山。奇峰、云海、奇松为三清山三绝;晚霞、月夜、溪潭、飞瀑为之奇观。三清山为历代道学家清修之地,名列道家"七十二福地"之一,唐代称此为"三清福地"。三清山风景区由三清宫和梯云岭两部分组成,东险西奇,北秀南绝,山岳景观秀美奇绝。三清山有玉京峰、女神峰、巨蟒出山、观音听琵琶、三大天池及冰玉、双色瀑布等奇观;有黄山松、香果树、华东铁杉、福建柏等珍贵树种;有灵芝、黄莲、沙参等名贵药材;有娃娃鱼、三音鸟、梅花鹿、锦鸡、穿山甲、水獭等珍稀动物。

三清山集天地之秀,纳百川之灵,是华夏大地上的一朵奇葩。它兼具"泰山之雄伟、黄山之奇秀、华山之险峻、衡山之烟云、青城之清幽",被国际风景名家誉为"世界精品、人类瑰宝"

井冈山

井冈山位于江西省西部。其山势高大，险峻陡峭，为省级自然保护区。第二次国内革命战争时期，毛泽东在此创建了全国第一个农村革命根据地，开辟了中国革命以农村包围城市，武装夺取政权的光辉道路，因此有"革命摇篮"之称。在这里有毛泽东旧居和多处革命纪念地，并建有革命博物馆、会师纪念碑、革命烈士纪念塔和烈士墓等。井冈山革命遗址也是全国重点文物保护单位。

中国国家地理图鉴
华南地区

地理图鉴
福建省

　　福建省的省会为福州市,该市是我国沿海重点开放的港口城市。福建省古迹众多,有供奉着抗倭名将戚继光的戚公祠;有渔民敬奉的妈祖庙;有"奇秀甲东南"的武夷山。

鼓山

　　鼓山屹立于福州市东 12 千米处。它绵延数十千米,峰顶有巨石如鼓,相传每当风雨之际,山上会传来咚咚鼓声,因而得名鼓山。鼓山四季常青、苍松滴翠、溪水温润、岩奇谷幽、景色醉人。位于鼓山山腰的涌泉寺始建于五代后梁开平二年(公元 908 年),因有泉水涌出而得名,为福州"五大丛林""十大名刹"之一。寺内有千年铁树两株。鼓山的摩崖题刻到处可见,自宋代至清代约有三百余处。

湄州妈祖庙

　　湄州妈祖庙位于莆田市东南的湄州岛上。湄州岛面积仅 16 平方千米,海岸线长三十多千米,风光旖旎,人文景观独特,现已成为闽东理想的"海上公园"。妈祖是宋代湄州一个乐善好施的妇女,她生前曾救助过许多遇险的船工,死后被百姓封为海神,称为妈祖,又称天后、天妃,成为全球华人渔民的保护神。

鼓浪屿

鼓浪屿与厦门隔水相望，与厦门岛只隔一条宽600米的鹭江，鼓浪屿山上怪石嵯峨，叠成洞壑，洞内海风扑面，涛声如雷，故名鼓浪屿。鼓浪屿面积仅1.84平方千米，小岛终年绿树成荫、花香扑鼻，被誉为"海上花园"。日光岩又名晃岩，为鼓浪屿的最高峰，海拔92.6米。站在日光岩顶峰可看到大担、二担、圭屿、青屿诸岛。

南普陀寺

南普陀寺位于厦门南部的五老峰下，始建于唐代，是闽南地区佛教圣地之一。寺内的天王殿、大雄宝殿、大悲殿等建筑精美壮观，弥勒、三世尊佛、千手观音、四大天王、十八罗汉等供奉于此，相貌庄严，世界各地前来膜拜的善男信女络绎不绝，寺里一直香火鼎盛。

菽庄花园

菽庄花园位于鼓浪屿日光岩海滨浴场旁边，面向大海，背倚晃岩。菽庄花园利用天然地形，借山藏海，园内各景相互交错，浑然一体；园在海上，海在园中，既有精巧雅致的庭院小园，又有雄浑壮观的浪飞鸥翔。游人至此，常会流连忘返。

土楼

土楼是福建有名的民居形式，也是客家人传统的民居建筑，体现着客家人与众不同的民俗风情。土楼的墙是用土建造的，形状多种多样，而圆形的土楼最为著名。土楼不仅防震、防潮、防盗，而且保温隔热、冬暖夏凉，被誉为神话般的山区建筑。

武夷山

武夷山位于福建省武夷山市西南10千米处。武夷山被称为福建第一名山，这里峰岩峭拔、风景奇秀、曲水多姿，有九十九岩、三十六峰、一百零八景、七十二洞。岩洞境异形奇，峰岩争奇斗异。

中国国家地理图鉴

九曲溪从三保山起源，流经星村入武夷山，全长8千米，折为九曲。玉女峰位于二曲，奇峰亭亭玉立，插花临水，有姝丽之态。"插花临水一奇峰，玉骨冰肌处女容"，俨然是武夷山水的象征。

圆形土楼是客家民居的典范，堪称天下第一楼。它像地下冒出来的蘑菇，如同自天而降的飞碟

华南地区

地理图鉴
海南省

苏东坡有一句自嘲词"问吾平生事，黄州、惠州、儋州"。其中儋州就是当今的海南，当年苏轼被贬到儋州时便怀着九死一生的心情。因此这里是令古人绝望的"天涯海角"。现在，其省会海口市则是我国经济最发达的城市之一。

红树林

红树林位于海口市东南的东寨港红树林保护区，占地40平方千米。这里的红树植物终年生长在海水之中，树冠硕大，树干形态奇特，划小船进入红树林曲折的"走廊"，犹如进入幻境。这里现已成为游览胜地和国内外学者科学考察的基地，人们在此发现的海桑是中国最珍贵的植物。

五指山

五指山位于海南岛的中南部，由于主峰状如五指而得名，但并不是《西游记》中镇压孙悟空的五指山。由于地处热带，终年高温多雨，这里森林茂密，树林种类繁多，不同类型的植物界限分明，有"绿色宝库"的美称。同时此地动物种群复杂，多种珍稀动物都在这里繁衍生息。

亚龙湾

亚龙湾位于三亚市区东南20千米处，此处海湾绵延数千米，形似初升的月牙。海滩遍地布满奇形怪状的海石花。远眺大海，海阔天空，水天一色，有"三亚归来不看海，除却亚龙不是湾"的美誉。

天涯海角

　　天涯海角距三亚市 26 千米，这里是海南岛陆地的最南端。海边的沙滩上布满了奇石，其中有两块最高大的青石，上面分别刻有"天涯"和"海角"四个红色的隶书体大字。在中国漫长的封建社会里，海南岛是被用来流放犯人的地方，到达这里的人大都九死一生。人们从这种心情出发，把这里说成是"天涯海角"。

小洞天

　　小洞天又称海山奇观，位于三亚市以西 40 千米处的海滨，距天涯海角约十三千米。此景乃宋朝吉阳军知军发现，后由崖州郡守毛奎修建。这里海山相连，风景秀丽。崖州湾弧弦百里，碧波万顷；鳌山云深林翠，岩奇洞幽；海岸遍地是鬼斧神工的大小石群。山海之间宛若一幅古朴优美的长卷书画。至今留有"小洞天""钓台""海山奇观""仙梯""仙人迹""试剑峰"等历代诗文摩崖石刻。

地理图鉴
广东省

广东省可以说是中国陆上的南大门，自从改革开放以来，其省会广州和一些城市最先实现了经济的腾飞，从而带动了中国整体经济的发展。

世界之窗

1994年建成的世界之窗，地处深圳西郊，毗邻"锦绣中华"和"中国民俗文化村"，占地48万平方米。它将世界奇观、古今名胜、历史遗址、自然风光、各国民居、异国雕塑、民俗风情、民间歌舞等汇于一园，让游人通过世界之窗，了解大千世界的美妙奇观。园内建有118个景点，其中包括世界著名的景观，如埃及金字塔、美国大峡谷等。

世界之窗是中国著名的缩微景区，是以弘扬世界文化为宗旨，将世界奇观、历史遗迹、古今名胜、民间歌舞表演融为一体的人造主题公园

海上丝绸之路

海上丝绸之路从广州开始，不断向西方延伸，在秦汉时期到了印度半岛南端，南北朝时期到达西亚，隋唐时期已经能够直通东非沿岸，它加强了中国与海外的通商贸易。中国的丝绸、陶瓷、茶叶等商品，以及火药、印刷术、指南针等发明沿着海上丝绸之路传往西方各国，丰富了西方人的生活，加快了世界文明的发展历程。海上丝绸之路到了明朝郑和下西洋时达到高潮，至清代时，由于清政府的闭关锁国，这条路逐渐走到了尽头。

越秀公园

越秀公园原名叫观音山，是广州市最大的一座综合性公园，位于广东省广州市越秀区北面。镇海楼是广州有名的古建筑，是越秀山上的一大景点。它修建于明洪武十三年（1380年），距今已有六百多年的历史了。楼共5层，高28米，又叫"五层楼"。从古至今的广东陶瓷器就陈列在馆中，其中有新石器时代的彩陶，距今已有6 000年的历史，还有出土于广州汉墓的陶器、竹器，一千二百余件唐宋至清代的白瓷、青瓷、青花瓷以及彩瓷等。

丹霞地貌

丹霞地貌是指红色砂岩由于长期被风化剥离和流水侵蚀而形成孤立的山峰和陡峭的怪石，由巨厚红色砂、砾岩组成的各种地貌的总称，主要发育于侏罗纪到古近纪的水平或缓倾的红色地层中，以广东省北部丹霞山最为典型。

珠江三角洲

珠江三角洲是中国第二大三角洲，位于我国南海北岸，广东省中部珠江河口处，它是由西江、北江、东江及潭江、绥江、流溪河等在珠江河口湾内堆积而形成的，是华南地区最大的平原，面积约1.1万平方千米。"三江汇合，八口分流"是珠江三角洲水系的显著特色。珠江三角洲地区物产丰饶，是我国经济非常发达的地区之一。

深圳

深圳与香港一衣带水，在短短的30年里从一个小渔村发展成为初具规模的现代化城市，创造了世界城市化、工业化和现代化的奇迹。深圳的综合竞争力高居内地城市的第一位。现在，深圳已成为我国高新技术产业基地和区域性金融中心、信息中心、商贸中心、运输中心、旅游胜地和现代化的国际性城市。

中国国家地理图鉴
ZHONGGUO GUOJIA DILI TUJIAN

西南地区

地理图鉴
广西壮族自治区

南宁市不仅是广西壮族自治区的首府，同时也是其政治文化中心。这里的清山秀水养育了勤劳智慧的壮族人民。

漓江

漓江是我国锦绣河山中的一颗璀璨明珠，是桂林风光的精华，是闻名遐迩的旅游胜地。漓江是桂江上游河段的名称，桂江发源于桂林东北资源县，在梧州汇入西江，全长437千米。桂林到阳朔82千米的一段水程，是漓江上游景色最佳的一段。它酷似一条青色罗带，蜿蜒于万点奇峰之间，可谓"青山簇簇水中生，水底倒插青芙蓉"。沿江奇峰倒影，碧水萦回，农舍渔村，风光旖旎。飞瀑、深潭、茂竹、绿洲，这一切构成了一幅绚丽多彩的画卷，人称"百里漓江，百里画廊"。

象鼻山

象鼻山位于桂林市漓江和阳江汇流处，因其山形酷似一头站在漓江边伸长鼻子饮水的大象，故得此名。山上有象眼岩，左右对称，极像一对象眼。山下的水月洞刚好分开象鼻和象身，它是桂林市的象征。每到月明之夜，观看水月洞在江中的倒影，酷似皎月浮江，景色独特。

独秀峰

独秀峰位于桂林市中心。它平地拔起，孤峰矗立，四壁如削，有"南天一柱"之称。独秀峰不仅峰秀，而且洞奇。山麓有许多岩洞，其中最著名的是东麓的读书岩，岩如石室，内有天然的石窟、石榻。因为古代著名文学家颜延之在桂林当太守时常在这里读书，故名读书岩。

喀斯特地貌

喀斯特地貌又称岩溶地貌，是指可溶性岩受到水的溶蚀等作用所形成的地表和地下形态地貌的总称，石芽、石沟、石林、溶洞、地下河和地下湖等都是岩溶地貌的典型构造。具有喀斯特地貌的地区，往往奇峰林立，溶洞遍布。桂林就是一个典型的岩溶奇观，鬼斧神工之中变化万千。

银水侗寨

银水侗寨是个桥、亭、廊三位一体的独具风格的建筑群，这里有四方层檐飞角瓦顶塔形鼓楼的侗族少数民族民俗村寨。银水侗寨所处地貌为沟谷，伸展的山麓笔直陡峭，曲径幽洞，山势峻拔，其沟内有瀑布飞流直下，远望似银链，故称为"银水侗寨"。依山傍水的幽雅环境、鲜明的侗族建筑风格以及浓郁的侗族风情吸引了众多的国内外游客。

龙脊梯田

龙脊梯田气势恢宏磅礴，举世罕见。梯田如链似带，把一座座山峰环绕成一只只巨大的螺蛳，有的像巨扇一样半折半开；有的则像天镜被分割成碎块，在这个广袤的范围内，小路悠悠地蜿蜒在跌宕有致的梯田里，飘忽成一根根细绳；那一幢幢被水光映照，被云影拂弄的壮族木楼，则似仙宫一般。

遇龙河

遇龙河发源于临桂县白粘岭，全长43.5千米。河中筑有拦河坝，可引水灌田，不能通航。遇龙河是一条美丽的河流，特别是遇龙桥以下至与金宝河汇合的合山江口，这一段长约十二千米，群峰叠嶂，绿树丛生，田野纵横，村庄错落，可以观赏到遇龙桥、犀牛望月、骏马凌空等胜迹。

地理图鉴
重庆市

重庆市最著名的鬼城丰都，被道家列为"七十二洞天福地"之一，后来成为冥府，留下了许多传说。历史名城白帝城也位于此。歌乐山烈士陵园也已成为重庆的革命烈士纪念地。

北温泉公园

北温泉公园依自然地形而建，楼台亭阁错落有致，翠竹森森，林木葱茏，山光水色，风景如画。园内景物以四大殿为中心。关圣殿，又称三圣殿，为温泉寺山门。接引殿后有一山泉细流汇成的方池，池上石桥栏杆上刻有麒麟、芭蕉及花鸟等图案，皆为明代之作。观音殿以石柱支撑，铁瓦盖顶，俗称"铁瓦殿"。

白帝城

白帝城位于长江北岸，是三峡西口入川的门户。由于地势险峻，为历代兵家必争之地。白帝庙内有刘备、关羽、张飞的塑像。武侯祠内供奉着诸葛亮祖孙三代的塑像，祠前的观星亭，传说是诸葛亮夜观星象的地方。明良殿和武侯祠左右两侧立有各个朝代的名碑，是我国历史遗留下来的宝贵文物。

丰都鬼城

举世闻名的丰都名城又名"鬼城",集儒、道、佛家文化为一体,堪称中国神曲之乡。传说在汉朝时期,有人在此修道成仙,因此,道家将这里作为"七十二福地洞天"之一。后来丰都慢慢变成了"鬼城"。虽阎王神鬼只是虚构,但其惩恶扬善的社会教化功能却为人们所称道。"鬼城"丰都,以其历史悠久、传说神奇、风光秀美而闻名于世,吸引着无数中外游客来此一览东方神韵。

龚滩

龚滩是乌江流域上的著名险滩之一。它地处重庆酉阳西部,与贵州沿河县邻界。西岸悬岩高耸,直插云天。悬岩之上,鸟语猿啼,古木森森,有名的蛮王洞就在其间。东岸坡势较缓,龚滩古镇即坐落其上。土家吊脚楼依山而建。公路蜿蜒,直上云天,镇上有明清古建筑多处,其中川主庙、三教寺等都较为有名,还有众多古碑原貌犹存。

地理图鉴
四川省

四川省不仅自然风光秀美无双，而且具有悠久的历史和深厚的文化底蕴，其省会成都市便是著名的蜀中名城。这里有佛教名山峨眉山，也有道教名山青城山，有诸葛亮的武侯祠，也有杜甫的草堂。四川省最为珍贵的是闻名世界的国宝大熊猫。

武侯祠

武侯祠位于成都市南郊，始建于西晋末年，是为纪念三国蜀丞相诸葛亮而建的，因诸葛亮生前被封为武乡侯而得名。原在成都少城内，唐武宗时（公元841年—846年）迁至蜀先主刘备昭烈庙附近，形成了现在这种君臣合庙的景象。虽然大门横额仍书"汉昭烈庙"，但人们还是称其为武侯祠。现存殿宇重建于清康熙十一年（1672年）。殿内有一座诸葛亮贴金泥塑坐像，羽扇纶巾，面容安详，颇具将相风度。

杜甫草堂

杜甫草堂位于成都西郊浣花溪畔，是唐代诗人杜甫在成都的故居。当年的杜甫旧宅已不复存在，今日的草堂是在明、清修缮的基础上形成的。草堂内梅林海园，溪水蜿蜒，桥亭相间，曲径柴门，梅、荷、菊、兰四季吐艳，并有大廨、诗史堂、柴门、工部祠等素雅古朴的园林式建筑，大堂内有杜甫塑像，并陈列着历代名人题写的楹联和匾额。

西南地区

青城山

青城山位于四川省都江堰市西南 16 千米处,又被称为丈人山,面积 125 平方千米,海拔 1 600 米。36 峰形若城廓,环列一体,因林木苍翠、四季常青而得名,被誉为"青城天下幽"。青城山是我国道教的发源地之一,山上有道观七十余座,被称为"第五洞天"。洞天贡茶、洞天乳酒、道家泡菜、白果炖鸡被誉为"青城四绝"。

卧龙自然保护区

卧龙自然保护区位于四川省汶川县境内,是青藏高原向四川盆地过渡的高山峡谷区。卧龙自然保护区是世界上最大的大熊猫栖息和繁殖基地,已被列入国际生物圈之列。保护区内拥有大片的原始森林,并设有大熊猫研究基地,以便保护、研究和繁育大熊猫。

乐山大佛

乐山大佛坐落在四川省乐山市东南凌云山栖鸾峰的临江峭壁,岷

117

江、大渡河和青衣江的汇流处。佛像高 71 米，面水背山，头与山齐，依岩端坐，姿态雄伟而端庄。乐山大佛是世界上最高大的一尊石刻大佛，被称为"山是一尊佛，佛是一座山"。

峨眉山

峨眉山位于峨眉山市西南 7 千米处，距成都 160 千米。峨眉山重峦叠嶂，高耸云天，奇峰绝壁，雄秀幽奇，素有"峨眉天下秀"之美誉，因其山势逶迤，如蝾首蛾眉，细长而美艳，故得名。最高峰万佛顶海拔 3 099 米，故有"高出五岳，秀甲九州"之说。峨眉山与山西五台山、浙江普陀山、安徽九华山并称为我国佛教四大名山。

山上主要庙宇及风景区有报国寺、万年寺、伏虎寺、清音阁、黑龙江栈道、洪椿坪、仙峰寺、洗象池等十余处。

三座"神山"

三座"神山"分别是仙乃日、央迈勇、夏诺多吉。仙乃日看似观世音菩萨坐于莲花台上，手持宝瓶乘祥云而来，一双慈目注视脚下人间仙境；央迈勇晶莹剔透，洁白无瑕，宛若一位端庄娴静、冰清玉洁的少女；夏诺多吉似一位英俊刚烈、神采奕奕的少年。这三座雪山属于"众生供奉朝神积德之圣地"。

九寨沟

九寨沟位于四川省阿坝藏族羌族自治州东北部，是岷山山脉中一条纵深 40 千米的"Y"字形沟谷。因沟内有盘信寨、彭布寨、尖盘寨、故洼寨、盘亚那寨、荷叶寨、树正寨、黑果坝寨、则查洼寨 9 个藏族寨子而得名。山间河谷中密布着原始森林，河谷地带还有大小 108 个湖泊和为数众多的大小瀑布。传说山神达戈爱上了美丽的女子色嫫，达戈用纯净的风磨砺成一面晶亮的镜子送给色嫫，色嫫接过镜子时，失手跌落，把镜子摔成了 108 片，散落到九寨沟后，这些形状各异、五彩斑斓的湖泊便出现了。

地理图鉴

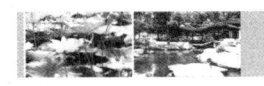

贵州省

贵州省的省会为贵阳市，是该省政治、工商、交通、文化中心。贵州省多青山绿水，还有许多奇形异态的钟乳石，其中白龙洞最为奇特。

黔灵山

黔灵山位于贵阳市西北，有"黔南第一山"之称。这里古树参天、山岗绵延、资源丰富。山中有高等植物一千五百多种，名贵药材一千多种，常见鸟类五十多种，以及成群的猕猴等。黔灵山山顶呈凹形，是第四纪冰川期遗迹。麒麟洞是一个石灰岩溶洞，因曾囚禁过张学良、杨虎城两位将军而闻名天下。黔灵山岩石上所刻的"虎"字，字体有6米之高，是由清代贵州书画家吴竹雅一笔挥就的。

白龙洞

白龙洞位于贵阳市城南小东河畔南郊公园。因洞中钟乳石呈乳白色，洞身弯弯曲曲，宛如一条白龙而得名。洞内钟乳石千姿百态，瑰丽无比，有的像海龟、海马、水蛇，有的像雄狮、大象、麒麟。洞中景色变幻神奇，或如"白龙飞舞"，或如"沙僧看马"，或如"石虎归山"。洞内还有一条地下河，在水帘洞附近形成了一个高1米、宽3米的瀑布。

花溪

花溪位于贵阳市南郊17千米处，南明河龙山峡至小河镇一段，是国内著名的风

景胜地，两岸山峦叠翠，林木葱茏，花艳草碧，溪水清澈，礁石星罗棋布，有曲桥小舟，飞阁幽亭，一派古朴的自然风貌。著名景点有旗亭、柏岭、碧云窝、桃花洲等。

九龙洞

九龙洞长2 248米，面积约七万平方米，分上下两层，由7个大厅12个景区组成，各洞厅相通相连。洞顶石钟乳倒悬，千姿百态，洞中石柱丛生，达数百根之多，各种造型层层叠叠，五彩缤纷，人在洞中如入迷宫仙境一般。

黄果树瀑布

黄果树瀑布位于贵州省镇宁布依族苗族自治县西南15千米的白水河，这里山峦重叠，林木苍翠，白水河水流湍急，波涛汹涌，流经黄果树地段时，形成9级18瀑和4个地下瀑。在这些瀑布群中，黄果树瀑布是我国第一大瀑布，也是世界上最壮观、最优美的喀斯特瀑布之一。

黄果树瀑布群是由18个风韵各异的大小瀑布组成，其中以黄果树大瀑布最为优美壮观，故统称为黄果树瀑布群

百里杜鹃国家森林公园

百里杜鹃国家森林公园是迄今为止我国面积最大的天然杜鹃林带。整个杜鹃林带绵延五十余千米，宽1千米~3千米，呈半月形分布。百里杜鹃是贵州西北部次生地带性植被中保存最完好的一部分，初步查明公园内有马缨杜鹃、大白花杜鹃、水红杜鹃、露珠杜鹃、锈叶杜鹃等23个品种，千姿百态，铺山盖岭，色彩缤纷，被有关专家誉为"世界上最大的天然花园"。

梵净山

梵净山位于贵州东北部江口、印江、松桃三县交界处，面积567

西南地区

平方千米。梵净山主峰凤凰山，为武陵山脉最高峰。其形状颇似饭甑，故又称饭甑山，其音与"梵净"相近，明代改为现名。梵净山有原始森林100平方千米，动物种类丰富，其中有金丝猴、熊猫、华南虎等13种国家一类保护动物。峰顶一桥凌空飞架，名天仙桥，下面更有释迦殿、弥勒殿遗址和拜佛台、观音洞、舍身崖等名胜古迹。有时在夕阳和晨曦中，九皇洞和金顶、蘑菇岩一带可见"佛光"奇景。

梵净山植物类型多样，森林是梵净山区生态系统的主体，森林资源是其生物资源的核心

中国国家地理图鉴

地理图鉴
云南省

风轻轻，云朗朗，云南风光美如画，其省会昆明市仿佛就是人间仙境。云南如一只五彩蝶，穿越神秘、幽远、深邃的泸沽湖，走向尘世外的净土，沉醉于梦中温柔乡。

滇池

滇池坐落在昆明市西南，又名昆明湖，距昆明市有 20 千米。从形成原因上说，它原是高原上的一个断层陷落湖，面积 298 平方千米，南北长 32 千米，东西平均宽 8 千米，湖岸线全长 150 千米，平均水深为 5 米。景区内奇峰、苍山、怪石、流泉、碧水、花木交相辉映，风光秀丽。另外，景区内还保存着风格各异的佛寺道观，具有突出的民族和地方特色。此处传统的民族风情更是独具特色。

西山

西山又名碧鸡山，位于昆明城西 15 千米处，濒临滇池西岸，由华亭山、太华山、罗汉山、太平山等组成，绵亘四十多千米。这里峰峦叠嶂、云雾缥缈。远眺群峰，好似卧于云端的庞大睡佛；又如一位仰卧滇池湖畔、青丝垂散的少女，故又称睡佛山或美人山。整个风景区由华亭寺、太华寺、三清阁、龙门、聂耳墓五大景点组成。

洱海

洱海古称叶榆泽，因形似人耳而得名。它面积为249平方千米，平均水深10.5米，是仅次于滇池的云南第二大湖。洱海湖岸曲折，湖水碧绿，波光粼粼，倒映出西岸的点苍山雄姿，构成大理著名的"上关花，下关风，苍山雪，洱海月"的奇丽风光，其中雪与月的"银苍玉洱"更引人入胜。

近看洱海碧波万顷，水光潋滟，远眺苍山巍峨峻峭，可谓"苍山不墨千秋画，洱海无弦万古琴"。

腾冲地热火山

腾冲位于我国西南边陲，是古代南方丝绸之路在我国境内的最后一个重镇，境内西有大西山，东有高黎贡山，中为盆地，山高谷深，河流湍急，自然风光绚丽多彩，有我国保存最完好、规模最大的新生代死火山群，其中有97座火山锥，八十余处驰名中外的汽泉、热泉、沸泉、矿泉，漫山遍野的杜鹃花、油茶花、香果树，构成了一处色彩斑斓、独具风韵的风景名胜区，有"天然地质自然博物馆"之称。腾冲八十多处温热泉中，最著名的有硫黄塘大滚锅，它是一个直径6.12米、深1.5米的圆形水池，水温高达96℃，清澈的池水，热浪翻滚，蒸气升腾，远在数十米外即可看见。

丽江市

丽江古城地处金沙江上游，风光绮丽，自然环境雄伟，是古代氐、羌人的后裔——纳西族的故乡。这里地处云南、四川、西藏三省交通要道，古代频繁的商旅活动促使这里成为远近闻名的商业集市和军事重镇。1997年联合国教科文组织把丽江古城列入《世界文化遗产名录》。

玉龙雪山

玉龙雪山地处丽江城区西北约十五千米处。山峰如擎天玉柱并排耸立在金沙江东侧。主峰海拔5 596米，山顶终年积雪，宛如白色玉龙横卧山巅，故名玉龙雪山。各种植物依不同海拔和气候分布，这里是经济林木、药用植物和观赏花卉的著名产地，有"植物宝库"之称。

西双版纳

西双版纳位于云南南部，与缅甸、老挝接壤，是傣、汉、哈尼等多民族聚居地区，包括以景洪为中心的西双版纳傣族自治州景洪市和勐海、勐腊二县地域。"西双版纳"是傣语，意为"十二行政区域"。

景洪，傣语意为"黎明的城"，是一座民族风情浓郁、亚热带风光迷人、充满异国情

调的边城。澜沧江大桥把城市分为南、北两区，市中心有碧波荡漾、睡莲盛开的孔雀湖。

虎跳峡

　　虎跳峡位于丽江石鼓东北约五十千米处。金沙江到石鼓后急转北流，切断玉龙雪山和哈巴雪山，形成壮观的大峡谷——虎跳峡。峡谷长约十六千米，江岸高山夹峙，峭壁耸立，山岭高出江面3 000米以上，为世界最深的峡谷之一。谷底狭窄，江面仅宽60米~80米，传说这里曾有巨虎一跃而过，此地因此得名。江水奔腾咆哮，冲过7个陡坎，上下峡口落差达二百余米，蕴藏的水力资源极为丰富。

地理图鉴
西藏自治区

西藏自治区简称"藏",首府拉萨。在这里,转动的经筒吟唱着生命的信仰,氤氲的云雾蒸腾在世界的屋脊。收下洁白的哈达,饮一杯青稞酒吧,这里是灵魂的居所……

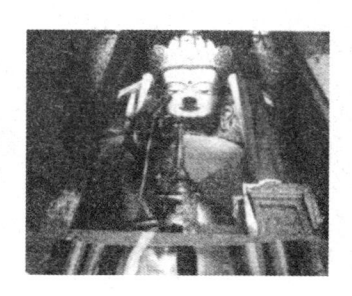

大昭寺

大昭寺位于西藏自治区拉萨市内,由唐朝文成公主亲自选地设计,于唐永徽三年(公元652年)吐蕃赞普松赞干布为纪念文成公主入藏而建造的。整座建筑气势磅礴、宏伟壮丽,占地面积为2.51万平方米。

在大昭寺主殿的墙上绘有长近千米的壁画,色彩艳丽、形象逼真。寺内保存了大量元代壁画、雕像,因此大昭寺被称为中国第二敦煌。大殿内藏有元代及其以前的佛经一万余部。藏书包括宗教教理、哲学、医学、历算、诗歌、戏剧、天文、地理等多方面的内容,价值连城。同时,还保留了元、明皇帝给历世萨迦法王的印章、命令等,这些实物充分证明了西藏自古就是中国的神圣领土。

布达拉宫

布达拉宫位于拉萨市西北角玛布日山上,是世界上海拔最高的建筑,为西藏历代达赖喇嘛的居住地。布达

拉梵语意为"佛教圣地",是公元7世纪时吐蕃赞普王松赞干布与唐联姻,为迎娶文成公主而修建的宫殿,宫殿依山砌筑,包括白宫、红宫等建筑,共占地41万平方米。宫殿顶覆镏金瓦,在阳光下金光闪闪。布达拉宫除宫殿建筑本身具有极高的历史、艺术价值外,宫中文物浩瀚如海,有数不清的精美壁画,数以万计的唐卡(卷轴佛画),流光溢彩的塑像,建造豪华的灵塔及为数众多的藏毯、华盖、幔帐、法器、陶瓷、玉器、金银器等,真可谓藏族文化的艺术宝库,中华民族的一颗璀璨明珠,世界文化艺术殿堂中的瑰宝。

夏鲁寺

夏鲁寺位于日喀则市东南20千米处,"夏鲁"系藏语,是"新生嫩叶"的意思。藏传佛教的夏鲁派或布顿派即是以夏鲁寺为中心创建的。

这是一座藏、汉合璧的建筑。大殿底层为西藏内院式措钦大殿,供奉释迦牟尼像,共有49间房,总面积一千五百多平方米。大殿二层有前后两座汉式殿堂,前殿有布顿大师像,后殿有一座银塔。寺内还保存着多张八思巴文文告。文告是当年萨迦法王在接受元朝皇帝的敕书以后,转发给西藏各地的命令和通知,极具史料价值。

喜马拉雅山

喜马拉雅山位于西藏高原和印度次大陆之间,分布在我国西藏自治区、巴基斯坦、印度、尼泊尔、不丹境内,是一座近似东西走向并向南延伸的弧形山系,也是世界上最高大的山系。由于地处高寒地区,喜马拉雅山形成了许多巨大的冰川。雪线以下的几百千米范围内冰塔林立,幽深的冰洞、曲折的冰面溪流夹杂其间,景色奇特。喜马拉雅山脉南侧陡峭,而北坡比较平缓。北侧的缓坡与藏南谷地相接,可进行农耕放牧,是藏族人民的生活聚居地。

喜马拉雅山脉最典型的特征是扶摇直上的高度,一侧陡峭参差不齐的山峰,令人惊叹不止的山谷和高山冰川

珠穆朗玛峰

珠穆朗玛峰位于西藏自治区定日县南

部，在西藏与尼泊尔的交界处，海拔 8 848.86 米，为喜马拉雅山主峰，被称为世界第一高峰。

梅里雪山

梅里雪山位于云南迪庆藏族自治州德钦县和西藏的察隅县的交界处，居于怒山山脉中段，位于金沙江、澜沧江、怒江"三江并流"地区之上，连绵 13 峰，座座晶莹壮丽。这里垂直气候明显，雪山上下气候变化剧烈，高处有高原的壮丽，山脚又有江南的秀美，最高峰卡瓦格博峰，是云南第一高峰，同时也是康巴藏民顶礼膜拜的"神山"。

中国国家地理图鉴
ZHONGGUO GUOJIA DILI TUJIAN

港澳台地区

地理图鉴

香 港

回归祖国后，香港成为中华人民共和国的一个特别行政区，按照"一国两制"的方针，香港仍然享有高度的自治权。香港的现代化气息十分浓郁，经济处于世界经济发展水平的前沿。

天坛大佛

天坛大佛位于香港大屿山上，因基座仿照北京天坛设计而得名，是世界上规模最大的露天青铜佛祖坐像。大佛高23米，连底座总高33.95米，使用青铜260吨。大佛造型庄严祥和，左手作"与愿印"，右手作"无畏印"，佛祖普度众生的慈悲之心被塑造得惟妙惟肖，令人肃然起敬。

海洋公园

海洋公园位于香港岛南部深水湾西侧，三面环海，占地87万平方米，是亚洲最大的海洋公园。它分为黄竹坑公园和南望山公园两部分，中间以空中缆车和自动阶梯连接。

维多利亚港

维多利亚港位于香港岛北部与九龙半岛南岸之间的海域，是我国的第一大港，而且仅次于美国的旧金山和巴西的里约热内卢，为世界第三大海港。维多利亚女王在位时期英国占领了这个海港，海港也由此得名。海港水面宽阔，西北部有世界最大的集装箱运输中心——葵涌货柜码头，这里终年都呈现出一片繁忙景象。

港澳台地区

地理图鉴
澳 门

澳门位于珠江三角洲的南端，包括附近的两个小岛。澳门半岛呈带状，与广东省珠海市的拱北街道相连，澳门的土地有一半左右是填海而成的，平坦地带较少。1999年12月20日澳门终于回到了祖国的怀抱。

澳门半岛

澳门半岛位于广东省南海岸珠江口西南部，是澳门最主要的半岛，澳门绝大部分人口和经济活动都集中在这里。澳门半岛由花岗岩丘陵和小冲积平原组成，西部与湾仔之间为狭窄的澳门河口，建有渔业、水运码头和港澳之间的轮渡码头；东岸防波堤内新建外港，但淤塞严重，仅为港澳之间的交通码头，缺乏深水码头和避风塘，大型船只停泊不多。澳门资源贫乏，工业主要有玩具、电子、成衣加工等，正因如此，澳门拥有了得天独厚的整洁环境。

妈祖阁

妈祖阁坐落于澳门特别行政区的妈阁庙前面，它是澳门最古老的一座古刹，于明弘治元年（1488年）修建。庙宇背山而建，面临大海，周围古木参天，风景优美迷人。弘仁殿是其主殿，在殿内四壁上，还雕刻着海魔神将，而天后神像则在中央供奉。据称，葡萄牙人于四百多年前初抵澳门时即在妈祖庙前登陆，当地居民称其为"妈阁"。葡萄牙人音译为"MACAU"，澳门葡文名称便由此而来。

路环岛

路环岛位于澳门凼仔岛之南2 000米处，岛西侧面对着珠海市的大横琴岛，相距最窄处不到300米。路环岛上丘陵起伏，地势为澳门最高，平地很少。黑沙和竹湾两个优良海滩游泳浴场分别位于岛的东南和南岸。随着澳门的发展，路环岛的发展也在不断加快。

大三巴牌坊

大三巴牌坊位于大炮台山西侧，是澳门最有代表性的名胜古迹，也是澳门的标志。它是圣保禄教堂的前壁，我国古代称之为三巴寺，建于1602年—1637年，1835年遭大火焚毁，仅存前壁，当地人因其大致形似中国牌坊，故称大三巴牌坊。牌坊正面分五层，每层都有不同圣灵意义的人物雕像、花卉和动物浮雕。其雕刻细腻精美，栩栩如生，有"立体圣经"之称。

路环岛古称过路环，顾名思义是一条马路环绕着一个小岛，该岛中部是山丘，多森林

地理图鉴
台湾省

台湾自古就是中国的领土。1662年郑成功率兵驱逐外来侵略者，收复了台湾。清朝初年在台湾设府，属福建省。如今的台湾经济发达、风光绮丽，其首府台北市更是全省的政治、经济、文化中心。

高山族

高山族是台湾省最著名的少数民族，主要聚居在台湾岛的山地、东部沿海和兰屿岛上。因地区差异高山族使用的语言也不同，但是没有本民族的文字。在台湾，高山族人只占2%左右，但却是台湾最早的居民。在其历史发展中，高山族曾进行过反抗外来侵略和反动统治的英勇斗争。高山族人主要从事农业、林业、狩猎和捕鱼等生产活动，并保留了许多本民族的古老风俗文化。

日月潭

日月潭位于台湾省南投县鱼池乡，是由阿里山涧和玉山的断裂盆地的积水形成的，被称为台湾胜景之冠，为台湾省第一天然大湖。其

湖周长36千米，湖中有一个小岛，以岛为界，南半湖状似新月，北半湖形同日轮，"日月潭"之名由此而来。其四周不仅有翠山环抱，林木葱郁，而且山水相映，白云缭绕，别有一番景致。特别是每当夕阳西下的时候，湖中就会烟霞四起，继而明月东升，清辉满湖。日月潭被四周翠峰环抱，湖水碧蓝，而湖面曲折迤逦，优美如画，是台湾八大景中最佳的一景。

阿里山

阿里山位于嘉义县东北，是尖山、祝山、塔山等18座山的总称，东面靠近台湾最高峰玉山。阿里山的森林、云海和日出，被誉为三大奇观。这里出产世界罕见的高级建筑木材，如台湾杉、铁杉、红桧、扁柏和小姬松，被称为阿里山特产"五木"。山上有高山博物馆，陈列各种奇木异树，高山植物园内种有热带、温带、寒带数百种植物，时而像连绵起伏的冰峰从谷中冒出，时而像波涛汹涌的大海，从天外滚滚而来。

台北市

台北市位于台湾省北部、台北盆地东部、淡水河右岸，是全省的政治、经济、文化中心，为台湾第一大城市。清光绪元年（1875年），钦差大臣沈葆桢在此建立了台北府，统管台湾行政，从那时起就有"台北"之名。台北经济繁荣，工业以电器制造为主，其次是纺织、造纸、制茶等，城市发展迅速。台北市也是台湾北部的游览中心，名胜古迹有古台北城城址、龙山寺等。

高雄市

高雄市位于台湾省西南部，是台湾最大的港口城市，也是全省仅次于台北市的第二大城市。高雄港是著名的国际港口，港口位于高雄湾内，港阔水深，是一个天然良港，为岛内最大远洋港口，是高雄市得以发展的重要依托。高雄是台湾省第二大工业生产区，其中钢铁厂、造船厂、炼油厂在全省均属规模最大的企业。